AF559316

Karibisches Kochbuch

Die leckersten Rezepte der Karibik Küche für jeden Anlass

Lorena Koppelkamp

Email: info@edition-lunerion.de
www.edition-lunerion.de

Psiana eCom UG
Berumer Str. 44
26844 Jemgum

Vorwort

Kristallklares Wasser an endlosen Sandstränden, das Rascheln von Palmen im Wind und strahlender Sonnenschein: Wer ein Postermotiv für Fernweh sucht, der bedient sich an der Schönheit karibischer Inselträume – aber tatsächlich hat die Region noch viel mehr zu bieten! Fisch, Meeresfrüchte, Mango, Kokosmilch, Ananas oder Kochbananen: Schon die Zutatenliste vieler Rezepte klingt nach Urlaub pur und wird durch herzhaftes Fleisch oder würzigen Reis noch ergänzt. Darüber hinaus werden Sie beim Durchblättern schnell feststellen, dass sich „die" karibische Küche in atemberaubender Vielfältigkeit präsentiert und somit für alle Vorlieben reichlich Auswahl bietet. Ob kubanisches Hühnerfrikassee, jamaikanischer Salat, Kabeljau nach Puerto-Rico-Art oder Kokosbällchen aus Trinidad – in diesem Buch entdecken Sie die köstlichsten Spezialitäten der verschiedenen Karibik-Regionen. Also schnappen Sie sich Ihre Kochschürze, legen Sie ein paar heiße Salsa-Rhythmen auf und stürzen Sie sich ins Kochvergnügen!

Guten Appetit!

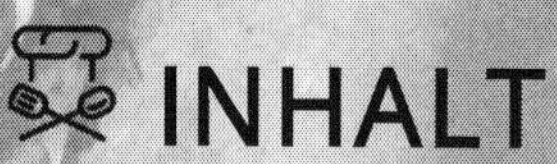

INHALT

Wissenswertes 1

Frühstück 6

Avena domenicana – Heißer Haferflockendrink 7
Doubles – Teigfladen mit Kichererbsencurry 8
Buljol – Frühstück mit Stockfisch 10
Mangomarmelade 11
Maismehlbrei 12
Huevos habaneros – Eier mit Chili 13
Mangú – Grünes Bananenpüree 14

Brote 15

Frittiertes Brot 16
Fladenbrote mit Krabbencurry 17
Karibisches Brot 18
Bananenbrot 19
Kokosnussbrot 20
Agolou-Brot – Karibisches Sandwich 21
Bammy – Fladenbrot aus Maniok 22

Salate 23

Mangosalat 24
Karibischer Hähnchensalat 25
Tortola – Karibischer Salat 26
Tomaten auf karibische Art 27
Karibischer Reissalat mit Ananas und Mango 28
Jamaikanischer Salat 29
Kubanischer Salat 30

Suppen 31

Kubanische Hühnersuppe *32*

Karibische Tomatensuppe *33*

Sopa de chicharos – Kubanische Erbsensuppe *34*

Kubanische Fischsuppe *35*

Sancocho – Dominikanisch-kreolische Suppe *36*

Karibische Kokossuppe *37*

Callaloo – Trinidadische Suppe *38*

Bananensuppe *39*

Hauptspeisen mit Fleisch 40

Geschmortes jamaikanisches Hähnchen *41*

Jamaikanische Hühnerspieße *42*

Jamaikanische Pasteten *43*

Ropa vieja – Geschnetzeltes Rindfleisch mit Gemüse *44*

Bandera domenicana – Traditionelles Mittagessen *45*

Kubanisches Hühnerfrikassee *47*

Jug Jug – Eintopf mit Kichererbsen, Fleisch und Kräutern *48*

Pernil – Geschmorte Schweineschulter *49*

Pinchos – Fleischspieße *50*

Jambalaya – Kreolischer Eintopf *51*

Hauptspeisen mit Fisch 52

Jamaikanischer Reis mit Fisch *53*

Ackee and Saltfish – Ackee und Salzfisch *55*

Fisch auf kubanische Art *56*

Arroz con pescado al ron – Kubanischer Reis mit Fisch und Rum *57*

Puerto-ricanischer Kabeljau *58*

Pescado frito con salsa de coco – Frittierter Fisch mit Kokossauce *59*

Gegrillter Red Snapper *60*

Jerk Fish – Fisch auf jamaikanische Art *61*

Gebackener Roter Schnapper *62*

Vegetarische Hauptspeisen 63
Kubanischer Eintopf *64*
Kubanische Quinoabowl *65*
Kubanischer Süßkartoffelauflauf *66*
Vegetarische Paella *67*
Arroz congrí – Schwarzer Reis mit Bohnen *68*
Arroz y habichuelas – Reis mit rosa Bohnen *69*
Pholourie – Frittierter Erbsenteig *70*
Süßkartoffelsuppe auf karibische Art *71*
Karibisches Okra-Papaya-Curry *72*
Kochbananengratin *73*

Vegane Hauptspeisen 74
Jamaikanischer Eintopf *75*
Callalo – Schmorgericht aus Blattgemüse *76*
Curried Chickpeas – Jamaikanisches Curry mit Kichererbsen *77*
Reisgericht auf jamaikanische Art *78*
Kubanische Salsa-Bowl *79*
Pastelón – Vegane Bananenlasagne *80*
Vegane Doubles – Teigtaschen aus Trinidad und Tobago *81*

Spezialitäten 83
Majarete – Maispudding *84*
Pepperpot-Stew – Rindfleisch-Pfeffertopf-Eintopf *85*
Aruba – Karibische scharfe Erdnusssuppe *86*
Wassermelonen-Tomaten-Salat mit Passionsfrucht *87*

Fingerfood/Snacks 88

Jamaican Patties – Jamaikanische Hackpasteten *89*

Banana Bread – Bananenbrot *90*

Tostones – Frittierte Kochbananenscheiben *91*

Quesitos – Puerto-ricanisches Gebäck *92*

Pastel – Pasteten *93*

Coquito – Puerto-ricanisches alkoholisches Getränk *94*

Trinidad Toolum – Kokosbällchen aus Trinidad *95*

Desserts 96

Dulce de leche – Karamellcreme *97*

Budin de pan – Brotpudding *98*

Churros – Teigstränge mit Schokosauce *99*

Gebratene Ananasringe *100*

Rum Cake – Karibischer Rumkuchen *101*

Karibiktraum Solero-Art *102*

Pastel de tres leches – Kuchen aus drei Milchsorten *103*

Getränke 104

Mamajuana – Dominikanisches alkoholisches Getränk *105*

Planters Punch *106*

Rum Punch *107*

Mojito *108*

Cuba Libre *109*

Daiquiri *110*

Kingston Negroni *111*

Wissenswertes

Beginnen wir erst mal mit ein bisschen Geografie. Die Karibik ist ein großes Gebiet im westlichen tropischen Teil des Atlantiks. Das Klima ist hier subtropisch und tropisch. Es gibt generell kleine Unterschiede innerhalb der Region, obwohl diese nicht besonders groß ausfallen. Die Temperatur liegt hier am Tag bei 25 bis 28 Grad Celsius. In den Nächten kühlt es bis auf 19 Grad Celsius ab. Auf der Insel gibt es Zeiten, an denen es sehr viel regnet, diese Zeit wird Hurricanesaison genannt. Von Mai bis Juni und Oktober bis November ist es somit sehr feucht. Wenn Sie also vorhaben, in der Karibik Urlaub zu machen, dann wählen Sie eine Zeit in den Monaten Dezember bis Ende April. Die beliebten Inseln der Karibik locken mit ihren kilometerlangen Stränden, Palmen, kristallklarem Wasser und der tollen Küche. Die bekanntesten Inseln der Karibik sind Trinidad und Tobago, Bahamas, Barbados, Dominikanische Republik und Kuba. In Kuba ist die meist besuchte Stadt Havanna, welche für ihre Zigarren und den legendären Rum bekannt ist. Die karibische Küche entstand unter Einfluss mehrerer Nationen. Verschiedene Kolonialmächte besetzten immer wieder die Inseln, auch exotische Länder. Die afrikanischen Sklaven brachten beispielsweise traditionelle Rezepte und Inder Gewürze. Als Erstes besetzten Indianer die Karibik Durch die Nähe zum Meer gibt es viel Fisch. In vielen Restaurants wird nur der Fisch angeboten, welcher auch am Morgen gefangen wurde. Außerdem gibt es sehr viel Fleisch, dieses wird aus Südamerika importiert. Bei Obst und Gemüse wird es hingegen exotischer. Es gibt viele Hülsenfrüchte, aber auch Süßkartoffeln, Maniok und Kochbananen. Herzhafte Gerichte werden oft mit süßen Elementen kombiniert. Es gibt beispielsweise einen Eintopf, der sich Papaya Stola nennt, hier sind Papayas die Grundlage. Etwas ausgefallener ist Leguan. Diesen kann man in verschiedenen Varianten probieren. Es schmeckt wie Hähnchen und soll bei Erkältungen Wunder wirken. Die karibische Küche wird auch kreolische Küche genannt, außerdem hat sie viele Gemeinsamkeiten mit der europäischen Küche. Eines der bekanntesten Gerichte, das aus der Vermischung verschiedener Kulturen und Küchen entstanden ist, nennt sich „Kreolischer Ahiako“, was ein Eintopf aus verschiedenen Gemüse- und Fleischsorten ist.

Reis ist die Grundlage sehr vieler karibischer Mahlzeiten. Ohne Reis ist eine Mahlzeit nicht komplett. Die Sorten und Zubereitung unterscheiden sich von Insel zu Insel. Auf einer Insel wird er in Kombination mit saisonalen Zutaten, auf der anderen mit Erbsen und Kokos zubereitet, auf einigen Inseln wird er pur gegessen und in noch anderen wird er nur als Beilage verzehrt.

Meeresfrüchte sind eine der wichtigsten Mahlzeiten auf fast allen Inseln. Einige Inseln basieren auf Hummer, andere präferieren bestimmte Arten von Fisch. Barbados ist für seine fliegenden Fische bekannt, in Trinidad sind Hoplosternum und Krabben beliebt.

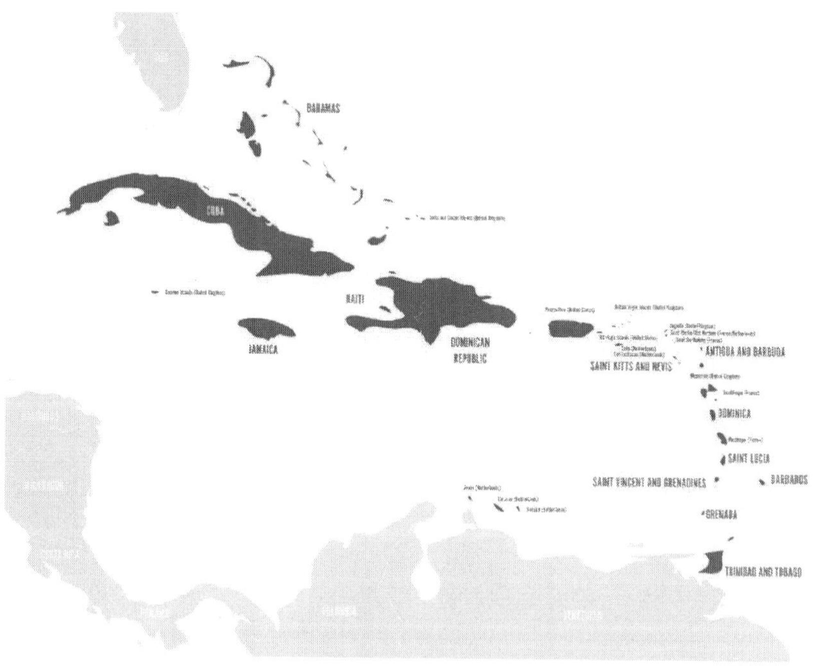

Die Dominikanische Republik

Die Dominikanische Republik ist ein Karibikstaat auf der Insel Hispaniola. Der Fischerort „Bayahibe“ ist das Aushängeschild für den Umweltschutz und seine Umgebung wurde zum Nationalpark erklärt. Die Küche der Dominikanischen Republik ist von afrikanischen, spanischen und den Einflüssen der Taino, der Ureinwohner geprägt. Sie ist würzig und von stärkehaltigen Produkten gekennzeichnet. Als Fleisch wird meistens Schwein, Huhn und Rind gegessen. Typisch für das dominikanische Essen sind zudem Fisch und Meeresfrüchte. Gewürzt wird hier mit Chili, Oregano, Kokosmilch und Tabasco.

Kuba

Das kubanische Essen ist eine Mischung aus unterschiedlichen Einflüssen: China, Frankreich, Italien, Afrika, Taino, Spanien. Die Einheimischen wurden schnell ausgerottet, somit konnte die Tradition keinen großen Einfluss nehmen. Aus diesem Grund gibt es hier kein scharfes Essen, obwohl Chilis in Kuba wachsen. Stattdessen wird mit Comino gewürzt, das ist ein Kreuzkümmel, dieser kam über Haiti aus Afrika in die kubanische Küche. Die typische kubanische Gewürzpalette wird durch Oregano, Lorbeer, Salz, Zwiebeln und Knoblauch vervollständigt. Wenn die Kubaner es sich aussuchen können, dann essen sie eher Fleisch als Fisch, was ziemlich komisch klingt. Fidel Castro hatte sogar mal im Fernsehen öffentlich Fisch gegessen, um die Landsleute dazu zu animieren, mehr Fisch zu essen. Als Beilage zu den traditionellen Gerichten isst man Reis. Soßen sind hier nicht so üblich wie bei uns in Deutschland. Die Feuchtigkeit muss aus diesem Grund über den Reis selbst an das Essen kommen. Salate sind in Kuba nur eine rein optische Beilage. Aus diesem Grund ist es schwierig, vegetarisch zu essen, vegan ist völlig unbekannt.

Bahamas

Hier hat die Küche kreolische und afrikanische Einflüsse. Fisch und Meeresfrüchte werden zum Beispiel mit exotischen Früchten wie Mango und Papaya veredelt. Meeresfrüchte sind hier praktisch das Grundnahrungsmittel, somit ist hier das Nationalgericht „Conch“, was eine rosafarbene Meeresschnecke ist. Das Fleisch dieser Schnecke ist weiß und fest und wird entweder roh mit Zitronensaft oder in exotischen Salaten gegessen. Hier wird außerdem ganz viel Kokoswasser getrunken. Die Milch wird mit einem Schuss Rum und normaler Milch getrunken. Rum stammt zwar eigentlich aus Kuba und Jamaika, auf den Bahamas ist es jedoch das alkoholische Nationalgetränk.

Puerto Rico

An allen Küsten von Puerto Rico bekommt man Meeresfrüchte. Hier hat die Küche Einflüsse von den einheimischen Völkern der Awarak und Taino erhalten. Außerdem kamen auch Einflüsse durch die 100 Jahre dauernde engste Verbindung zu den USA. Die Puerto Ricaner nennen ihre Küche „Corinna Criolla“. Hier sind Hühnchen und Reis die beiden wichtigsten Dinge. Außerdem gibt es zwei Gewürzmischungen, welche bei den meisten Gerichten genutzt werden: Adobo, was eine Mischung aus Pfefferkörnern, Oregano, Knoblauch, Salz, Öl und Zitronensaft oder Essig ist. Diese Mischung wird benutzt, um Geflügel oder anderes Fleisch zuzubereiten. Dann gibt es noch den „Sofrito“. Dafür werden Zwiebeln, Knoblauch, Gemüsepaprika, Korianderkerne und Koriandergrün in Öl, Schmalz oder Speck angeschwitzt und mit Achiote (rotfärbende Annatto-Samen) gemischt. Das Ganze wird als Gewürzmittel für viele Suppen, Eintöpfe und Reisgerichte verwendet.

In Puerto Rico isst man Hühnchen, Truthahn, Rindersteaks, Schweinefleisch und in ländlichen Gebieten Perlhühner. Die am meisten gegessenen Meerestiere sind Hummer, Shrimps, Conch-Muscheln, Austern, Tintenfisch, Krabben, frischer und gesalzener Kabeljau.

Barbados

Barbados ist die östlichste der karibischen Inseln und das erste Festland, das Seefahrer auf ihrer Reise betraten. Zuerst kamen sie aus Spanien und Portugal, dann hauptsächlich aus England. Bis in die 60er Jahre des 20. Jahrhunderts war Barbados ein Teil des britischen Commonwealth. Somit wurde viel von der englischen Küche beeinflusst. Dazu kamen die afrikanischen Sklaven.

Das Nationalgericht in verschiedenen Zubereitungsarten ist hier der Flying Fish. Daneben kommen Thunfisch, Mahi-Mahi Makrelen sowie weißer Seeigel, dessen Eier als Delikatesse gelten. Die Hauptgerichte hier sind Pepperpot-Stew (ein Eintopf) und Jug-Jug (Quinta-Mais und Erbsen). Typische Nachspeisen sind Foo Foo aus Kochbananen und Conkies.

Eine weitere Spezialität ist Rum. Barbados beherbergt die älteste Rumbrennerei der Welt. Ein Steuerdokument erwähnt 1702 die Brennerei „Mount Gay Rum“.

Trinidad und Tobago

Auch hier haben verschiedene Regionen der Welt ihre Spuren hinterlassen. Neben der ursprünglichen Bevölkerung der Arawak und Kariben kamen dann Europäer, Afrikaner und Inder auf die Inseln. Später kam noch der Einfluss aus den USA, daher ist im Land Fast Food verbreitet. Ab dem 16. Jahrhundert kamen die Europäer. Die Spanier brachten Birnen und Orangen, die Franzosen Kräuter wie Thymian und Basilikum und die Briten brachten Tamarinde und Kohl.

In Trinidad und Tobago gibt es viele Imbissgerichte. Neben Wraps aus Roti gehört Bake and Stark. Bake ist ein Fladenbrot, Stark bedeutet „Hai“ und ist tatsächlich frittierter Hai. Dazu kommen dann Tomaten, Gurken, Salat und Würzsoßen. Insbesondere „Green Seasoning“, was eine kalte Kräutersoße ist.

Frühstück

AVENA DOMENICANA –
HEIẞER HAFERFLOCKENDRINK

4 Port.

45 Min.

Leicht

Zutaten

240 g Haferflocken
1500 ml Wasser
680 ml Kondensmilch
1200 ml Vollmilch
6 Zimtstangen
2 EL Vanilleextrakt
1 TL Muskatnuss, gemahlen
1 TL Nelken, gemahlen
2 Prisen Salz
8 EL Zucker (nach Geschmack)

Nährwerte p. P.

1575 kcal
199 g Kohlenhydrate
59 g Fett
56 g Eiweiß

1 Lassen Sie die Haferflocken zusammen mit 500 ml Wasser für ca. 15 Minuten quellen und geben Sie alles dann mit weiteren 500 ml Wasser in einen Mixer und pürieren Sie das Ganze.

2 Geben Sie das restliche Wasser mit der Voll- und Kondensmilch in einen Topf. Geben Sie die Gewürze und Aromen hinein und rühren Sie alles mit einem Schneebesen um, damit die gemahlenen Gewürze nicht klumpen. Erhitzen Sie nun den Topfinhalt. Sobald Sie merken, dass die Mischung warm ist und Dampf hochsteigt, stellen Sie den Herd auf mittlere Hitze und geben erst den Zucker und dann die Haferflockenmischung hinzu. Rühren Sie gut um.

3 Reduzieren Sie nun alles für 5 - 10 Minuten oder so lange, bis die gewünschte Konsistenz erreicht ist. Rühren Sie dabei kontinuierlich um. Schmecken Sie mit Zucker ab, entfernen Sie die Zimtstangen und servieren Sie.

Tipp: Wenn Reste übrigbleiben, können Sie das Getränk aufbewahren und zu einem anderen Zeitpunkt erneut aufkochen. Da es jedoch viel nachdickt, müssen Sie beim zweiten Aufkochen weitere Milch hinzufügen.

DOUBLES – TEIGFLADEN MIT KICHERERBSENCURRY

16 Port.

2 Std. 20 Min.

Mittel

Zutaten

Für den Teig:
100 ml Wasser, warm
½ TL Zucker
2 TL Trockenhefe
400 g Mehl
1 TL Salz
2 TL Kurkumapulver
1 TL Kreuzkümmelpulver
2 TL Pfeffer, gemahlen

Für die Füllung:
2 EL Pflanzenöl
2 Zwiebeln, fein geschnitten
6 Knoblauchzehen, fein gehackt
6 TL Currypulver
600 ml Wasser
800 g Kichererbsen (aus der Dose, Abtropfgewicht)
2 Prisen Kreuzkümmelpulver
Salz, Pfeffer, gemahlen

Außerdem:
Pflanzenöl (nach Belieben)
Mangochutney (nach Belieben)
Gurken, fein geraspelt
Sriracha-Sauce

Nährwerte p. P.

1353 kcal
216 g Kohlenhydrate
21 g Fett
54 g Eiweiß

1 Geben Sie Zucker, Trockenhefe und Wasser in eine Schüssel und verrühren Sie das Ganze. Lassen Sie es ca. fünf Minuten ruhen, bis es schaumig wird. Vermischen Sie in einer großen Schüssel Mehl, Salz, Kurkuma, Kümmel und Pfeffer. Geben Sie nun die Hefemischung hinzu und kneten Sie das Ganze, indem Sie etwas warmes Wasser dazugeben. Formen Sie den Teig dann zu einer Kugel, geben Sie ein feuchtes Tuch darüber, stellen Sie es an einen warmen Ort und lassen Sie es dort eine Stunde gehen.

2 Gießen Sie die Kichererbsen ab und spülen Sie sie mit kaltem Wasser ab. Erhitzen Sie Öl in einer Pfanne und braten Sie die Zwiebeln bei mittlerer Hitze darin an, bis sie glasig sind. Fügen Sie den Knoblauch hinzu und braten Sie diesen kurz mit. Fügen Sie das Currypulver hinzu und löschen Sie mit etwas Wasser ab. Geben Sie die Kichererbsen dazu und lassen Sie alles zugedeckt ca. fünf Minuten köcheln.

3 Geben Sie das restliche Wasser und zwei Prisen Kümmel dazu, bringen Sie das Ganze zum Kochen und pfeffern und salzen Sie nach Geschmack. Lassen Sie alles bei offenem Deckel 20 - 30 Minuten köcheln, so werden die Kichererbsen sehr weich, jedoch nicht matschig. Die Kochzeit hängt davon ab, welche Kichererbsen Sie verwenden. Aus diesem Grund ist die hier angegebene Kochzeit nur ein Richtwert. Sie können bei Bedarf Wasser hinzufügen, die Kichererbsen sollen nämlich nicht braten.

4 Kneten Sie nun den gegangenen Teig kurz durch und lassen Sie ihn nochmals zehn Minuten ruhen.

5 Erhitzen Sie den Backofen auf ca. 100 °C (Ober-/Unterhitze) und schieben Sie ein mit heißem Wasser gefülltes Backblech auf die unterste Schiene. Erhitzen Sie Öl in einer Pfanne.

6 Formen Sie mit einer nassen Hand ein ca. walnussgroßes Stück vom Teig zu einem runden, dünnen Fladen mit 10 - 15 cm Durchmesser und backen Sie diesen im heißen Öl von beiden Seiten aus, bis er goldbraun ist. Formen Sie den nächsten Fladen. Wenn Sie Schwierigkeiten dabei haben, den Teig zu formen, nehmen Sie ein nasses Nudelholz und rollen Sie die Teigstücke damit einzeln dünn aus. Schichten Sie die fertigen Fladen auf einem backofenfesten Teller und stellen Sie diesen auf ein Rost oberhalb des mit Wasser gefüllten Backbleches in den Ofen. Das verdampfte Wasser wird dafür sorgen, dass die Fladen weich werden und nicht austrocknen.

7 Legen Sie auf einen Teller einen Fladen, löffeln Sie 2 EL der Kichererbsenmischung in die Mitte, geben Sie je 1 TL Chutney, geriebene Gurken und Chilisauce nach Geschmack dazu. Decken Sie das Ganze mit einem weiteren Fladen zu, halten Sie diesen u-förmig und essen Sie ihn mit der Hand.

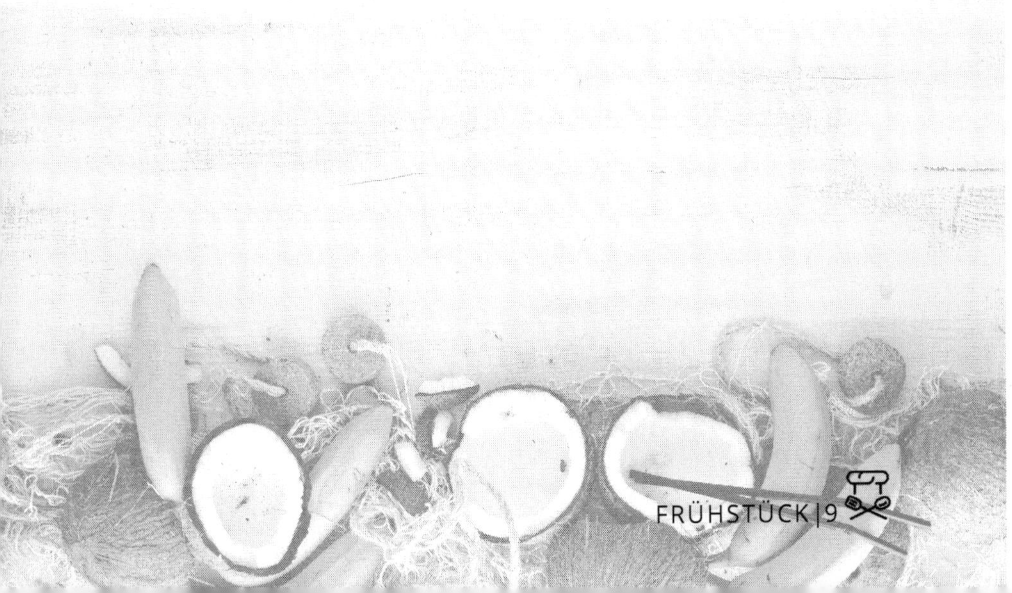

BULJOL –
FRÜHSTÜCK MIT STOCKFISCH

 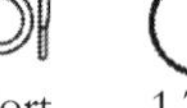 

8 Port. 1 Tag Mittel

Zutaten

500 g Stockfisch
2 Limetten
4 Zwiebeln
200 ml Olivenöl
4 Tomaten
2 Paprikaschoten
2 Chilischoten
30 Oliven, schwarz
1 Bund Koriandergrün, fein gehackt

Nährwerte p. P.

223 kcal
21 g Kohlenhydrate
13 g Fett
2 g Eiweiß

1 Lassen Sie den Stockfisch mindestens einen Tag kalt wässern, wechseln Sie das Wasser dabei öfter.

2 Zerrupfen Sie nun den Fisch in möglichst feine Streifen. Überprüfen Sie, ob dieser nicht zu salzig ist und vermischen Sie ihn mit dem ausgepressten Saft von zwei Limetten.

3 Braten Sie die feingehackten Zwiebeln im Olivenöl glasig, geben Sie den Stockfisch dazu und garen Sie ihn kurz. Entkernen Sie die Paprika und Chilischoten und würfeln Sie diese. Schneiden Sie die Tomaten und Oliven ebenfalls in kleine Stücke. Hacken Sie den Koriander, geben Sie den Rest des Olivenöls dazu und vermischen Sie alles gut. Schmecken Sie mit gemahlenem schwarzem Pfeffer ab.

Tipp: Der Buljol wird normalerweise mit Eier- oder Avocadoscheiben gegessen.

MANGOMARMELADE

10 Port.

15 Min.

Leicht

Zutaten

4 Mangos
1 Ananas
1 kg Gelierzucker (2:1)
2 Stamperl weißer Rum

Nährwerte p. P.

202 kcal
49 g Kohlenhydrate
0 g Fett
0 g Eiweiß

1 Schälen Sie die Mango, lösen Sie das Fleisch vom Kern und schneiden Sie es in Stücke. Schälen Sie die Ananas, entfernen Sie den Strunk und schneiden Sie das Fleisch in Würfel.

2 Geben Sie beides in einen großen Topf und vermengen Sie das Ganze mit dem Gelierzucker. Erhitzen Sie alles und lassen Sie es acht Minuten wallend kochen. Fügen Sie den Rum hinzu, füllen Sie die Marmelade anschließend sofort in Gläser und verschließen Sie diese.

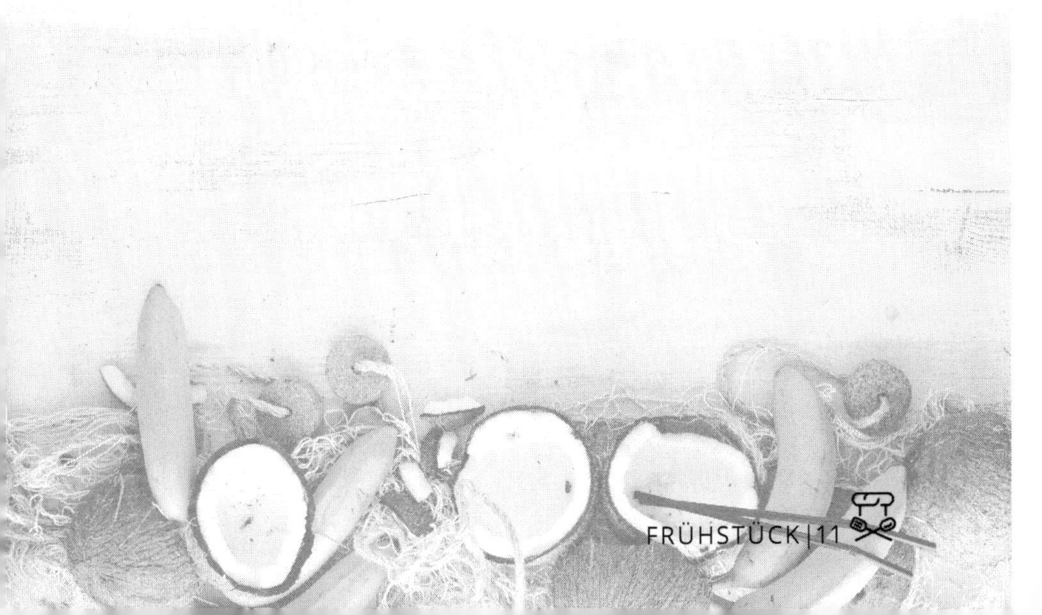

MAISMEHLBREI

2 Port. 30 Min. Leicht

Zutaten

1 Tasse fein gemahlenes Maismehl
5 Tassen Wasser (geteilt)
2 Zimtstangen
Zucker, Milch (nach Geschmack)

Nährwerte p. P.

40 kcal
9 g Kohlenhydrate
0 g Fett
1 g Eiweiß

1 Geben Sie in eine nicht zu große Schüssel Maismehl und eine Tasse Wasser. Rühren Sie das Ganze um und lassen Sie es für fünf Minuten ungestört stehen.

2 Geben Sie in dieser Zeit das restliche Wasser zusammen mit den Zimtstangen in einen mittelgroßen Topf. Geben Sie anschließend die Maismehl-Mischung hinzu, decken Sie ab und lassen Sie es aufkochen. Lassen Sie das Ganze für 15 - 20 Minuten bedeckt kochen.

3 Nehmen Sie den Topf vom Herd, süßen Sie das Ganze mit Milch und Zucker und rühren Sie alles gut um, bis es vollständig eingearbeitet ist.

HUEVOS HABANEROS – EIER MIT CHILI

4 Port. 40 Min. Leicht

Zutaten

4 EL Olivenöl
2 rote Zwiebeln
2 rote Spitzpaprika
2 gelbe Spitzpaprika
6 Knoblauchzehen
2 Tomaten
2 Habaneros
4 EL Sherry
4 Eier
4 EL geschmolzene Butter
2 EL Petersilie, gehackt
Salz, Pfeffer (aus der Mühle)

Nährwerte p. P.

223 kcal
21 g Kohlenhydrate
13 g Fett
2 g Eiweiß

1 Heizen Sie den Ofen auf 180 °C vor.

2 Schälen Sie die Zwiebeln und würfeln Sie diese fein. Putzen und waschen Sie die Paprika und Tomaten und schneiden Sie diese ebenfalls in Würfel. Ziehen Sie den Knoblauch ab und hacken Sie diesen fein. Putzen Sie die Chilischoten, waschen Sie sie und hacken Sie sie klein.

3 Erhitzen Sie das Olivenöl in einer ofenfesten Pfanne. Dünsten Sie die Zwiebeln darin glasig an, geben Sie nach und nach Paprika und Knoblauch hinzu und dünsten Sie diese mit. Geben Sie die Tomatenwürfel hinzu und löschen Sie mit Sherry ab. Lassen Sie alles kurz köcheln, bis die Flüssigkeit verdunstet ist.

4 Formen Sie mit einem Löffel Mulden und geben Sie die Eier hinein. Träufeln Sie die geschmolzene Butter über die Eier und geben Sie die Pfanne für 20 - 25 Minuten in den Ofen. Würzen Sie das Ganze mit Salz und Pfeffer und bestreuen Sie alles mit der Petersilie.

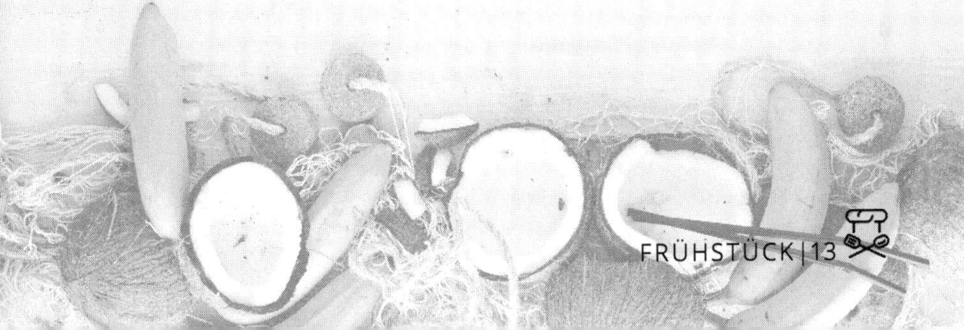

MANGÚ –
GRÜNES BANANENPÜREE

 8 Port.
 25 Min.
 Leicht

Zutaten

4 grüne Bananen
3 TL Salz
8 EL Butter oder Olivenöl
2 große rote Zwiebeln
4 EL Olivenöl
2 TL Fruchtessig
1 TL Salz (oder mehr, nach Geschmack)

Nährwerte p. P.

340 kcal
63 g Kohlenhydrate
12 g Fett
3 g Eiweiß

1 Schälen Sie die Bananen und schneiden Sie sie in Achtel. Entfernen Sie den zentralen Teil der Banane, wo sich die Samen befinden. Kochen Sie die Bananen in Wasser, dem Sie zuvor das Salz hinzugefügt haben, bis sie sehr weich sind. Nehmen Sie sie dann vom Herd.

2 Zerdrücken Sie die gerade aus dem Wasser genommenen Bananen mit einer Gabel. Mischen Sie sie mit der Butter und fügen Sie nach und nach eine Tasse Wasser hinzu und pürieren Sie weiter, bis es ein sehr glattes Püree ohne Klumpen wird.

3 Schneiden Sie die geschälten Zwiebeln in dünne Streifen. Geben Sie das Öl in eine Pfanne und erhitzen Sie es bei geringer Hitze. Braten Sie dann darin die Zwiebeln an, bis sie glasig werden. Geben Sie das Bananenpüree hinein, geben sie Essig hinzu und schmecken Sie mit Salz ab.

Info: Mangú ist ein glattes Püree aus grünen Kochbananen und ist die typischste Komponente des dominikanischen Frühstücks. Höchstwahrscheinlich kam Mangú (das Wort und das Gericht) mit oder von versklavten Afrikanern in die Dominikanische Republik, ebenso wie viele der dominikanischen Gerichte.

Tipp: Kaltes Wasser hilft dem Mangú, länger weich zu bleiben. Das Entfernen der Mitte der Banane ergibt eine viel glattere, klumpenfreie Mangú.

Brote

FRITTIERTES BROT

2 Port.

55 Min.

Leicht

Zutaten

1 kg Mehl
ca. 600 ml Wasser
2 TL Hefe
2 TL Salz
2 TL Zucker
Öl (zum Frittieren)

Nährwerte p. P.

703 kcal
23 g Kohlenhydrate
65 g Fett
3 g Eiweiß

1 Formen Sie einen Teig aus den Zutaten und lassen Sie diesen für ca. 30 Minuten gehen.

2 Geben Sie das Öl in einen Topf und erhitzen Sie es auf 160 °C.

3 Formen Sie aus dem Teig ca. 3 cm große Bälle und rollen Sie diese ca. 3 mm dünn aus. Geben Sie die Fladen dann ins heiße Öl und frittieren Sie diese. Nach 20 Sekunden sollten sich die Teigfladen zu wölben beginnen. Drehen Sie sie vorsichtig um und frittieren Sie die andere Seite ca. 20 - 30 Sekunden, bis sie leicht braun sind. Nehmen Sie die Fladen aus dem Topf, tropfen Sie sie auf einem Papiertuch ab und lassen Sie sie etwas abkühlen.

4 Schneiden Sie die Fladen der Länge nach auf. Das Brot sollte fast ganz hohl und von außen knusprig sein. Nun können Sie es nach Belieben füllen.

FLADENBROTE MIT KRABBENCURRY

 8 Port.

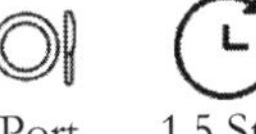 1,5 Std.

 Leicht

Zutaten

250 g ungebleichtes Mehl
150 g Weizenvollkornmehl
½ TL Salz
120 ml Milch
120 ml lauwarmes Wasser
120 ml zerlassene Butter (oder Erdnussöl)
2 EL rote Currypaste
5 Stk. Ingwerwurzel, fein geschnitten 2,5 cm
8 Frühlingszwiebeln, gehackt
500 ml Kokosmilch (Dose)
300 g geschälte Krabben, gekocht oder frisch
4 EL geröstete, getrocknete Kokosflocken
2 EL frische Korianderblätter, gehackt
½ TL Salz

Nährwerte p. P.

428 kcal
12 g Kohlenhydrate
40 g Fett
4 g Eiweiß

1 Geben Sie Mehl und Salz in eine Schüssel und mischen Sie das Ganze. Nehmen Sie eine große Schüssel und geben Sie Wasser und Milch hinein. Geben Sie dann 2 EL weiche Butter oder Öl hinzu, dann geben Sie immer einen Löffel Mehl hinein und rühren so das ganze Mehl nach und nach unter. Verarbeiten Sie das Ganze so lange, bis der Teig weich wird. Kneten Sie diesen zwei Minuten gründlich, bis er sich vom Schüsselrand problemlos löst.

2 Fetten Sie die Schüssel mit Öl ein und rollen Sie die Teigkugel in der Schüssel so lange, bis sie von allen Seiten mit Öl eingefettet ist. Lassen Sie den Teig dann in einer Plastiktüte ca. eine Stunde ruhen, bevor sie ihn in acht gleiche Teile teilen, die Sie jeweils zu einem runden Fladen von ca. 20 cm Durchmesser ausrollen.

3 Bestreichen Sie den Fladen mit etwas weicher Butter und falten Sie diesen zu einem Dreieck zusammen. Drücken Sie die offenen Seiten ebenfalls an und rollen Sie das Dreieck so aus, dass die Seitenlänge auch etwa 20 cm beträgt.

4 Nehmen Sie eine Pfanne und pinseln Sie diese mit Öl oder Butter aus. Braten Sie den Fladen und wenden Sie diesen mehrmals dabei. Die Kochzeit sollte 4 - 5 Minuten dauern. Wenn dieser duftet und langsam fest und braun wird, ist er fertig. Halten Sie ihn unter einer Folie warm, bis alle Fladen fertig sind.

5 Lassen Sie in einer Pfanne die Currypaste, Ingwer, Frühlingszwiebeln und Kokosmilch fünf Minuten ohne Deckel köcheln. Fügen Sie dann die Krabben und Kokosflocken hinzu und lassen Sie das Ganze 5 - 8 Minuten ziehen. Schmecken Sie mit Kräutern und Salz ab.

KARIBISCHES BROT

8 Port. | 1 Std. 10 Min. | Leicht

Zutaten

1 kg Bananen
600 g Weizenmehl
2 Eier
500 g Butter
2 Päckchen Backpulver
300 g Zucker
2 Msp. Salz
2 Msp. Muskat

Nährwerte p. P.

328 kcal
39 g Kohlenhydrate
17 g Fett
3 g Eiweiß

1 Schlagen Sie Zucker und Butter schaumig und pürieren Sie die Bananen. Geben Sie die Eier und das Pürierte zur Butter und dem Zucker und rühren Sie die Gewürze, Backpulver und Mehl unter.

2 Geben Sie nun alles in eine gefettete Kastenform und backen Sie es im vorgeheizten Backofen bei 180 °C (Ober-/Unterhitze) 50 - 60 Minuten.

BANANENBROT

2 Brote

1 Std. 15 Min.

Leicht

Zutaten

6 reife Bananen
160 ml neutrales Öl (z. B. Sonnenblumenöl)
220 g brauner Zucker
4 Eier
400 g Weizenmehl (Type 405)
6 TL Backpulver
2 Prisen Salz
2 Vanilleschoten
2 Prisen Zimt
etwas Butter (für die Form)

Nährwerte p. P.

232 kcal
33 g Kohlenhydrate
9 g Fett
4 g Eiweiß

1 Heizen Sie den Backofen auf 180 °C (Ober-/Unterhitze) vor. Fetten Sie die Kastenformen gut mit der Butter ein.

2 Zerdrücken Sie die Bananen mit einer Gabel in einer Schüssel. Ritzen Sie die Vanilleschoten der Länge nach ein und kratzen Sie sie mit dem Messerrücken aus. Verquirlen Sie das Öl mit dem braunen Zucker und den Eiern. Vermischen Sie Mehl, Backpulver, Salz, Zimt und die Vanilleschote und verrühren Sie das Ganze mit der Öl-Eier-Masse. Rühren Sie das Bananenpüree ein.

3 Geben Sie den Teig in die Form und backen Sie das Ganze im vorgeheizten Ofen ca. 55 Minuten. Lassen Sie das Brot nach dem Backen vollständig auskühlen und nehmen Sie es erst danach aus der Form. Ein Bananenbrot ergibt ca. 10 Stücke.

Tipp: Wenn Sie möchten, können Sie ein paar gehackte Walnüsse zum Teig geben.

KOKOSNUSSBROT

2 Brote | 1,5 Std. | Leicht

Zutaten

250 g Butter oder Margarine, weich
2 TL Vanilleextrakt
160 ml Kokosnusswasser (oder normales Wasser)
250 g brauner Zucker
250 g Kokosnuss, geraspelt
500 g Mehl
2 TL Zimt
2 Prisen Muskatnuss
2 TL Backpulver
2 Prisen Salz
6 EL Rosinen
40 Belegkirschen
2 Kastenformen (30 cm)

Nährwerte p. P.

435 kcal
44 g Kohlenhydrate
25 g Fett
4 g Eiweiß

1 Heizen Sie den Backofen auf 160 °C vor. Fetten Sie die Kuchenformen ein. Bestreuen Sie den Boden und die Seitenwände von innen mit Kokosraspeln. Stellen Sie die Formen in den Kühlschrank.

2 Verrühren Sie das Kokoswasser mit dem Vanilleextrakt. Verarbeiten Sie alle Zutaten bis auf Rosinen, Belegkirschen und ca. 8 EL Kokosraspeln zu einem kompakten Teig. Halbieren Sie die Belegkirschen (bis auf zwölf für die Deko) oder vierteln Sie sie und kneten Sie sie mit den Rosinen in den Teig.

3 Teilen Sie den Teig in vier gleich große Stücke. Rollen Sie die Stücke entsprechend der Fläche der Kastenform aus. Legen Sie die ersten beiden Teighälften in die Formen und drücken Sie längs mittig mit der Außenkante der Hand eine leichte Vertiefung. Streuen Sie in diese Vertiefung 3 EL der zurückbehaltenen Kokosraspel. Drücken Sie dann die zweiten Teighälften darüber und drücken Sie diese vorsichtig an. Bestreuen Sie die Oberseite des Brotes mit den restlichen Kokosraspeln und etwas braunem Zucker. Drücken Sie die zurückbehaltenen Belegkirschen in einer Linie leicht in den Teig.

4 Backen Sie das Brot ca. eine Stunde auf mittlerer Schiene. Nehmen Sie das Brot dann aus dem Ofen und lassen Sie es abkühlen.

Tipp: Kokosnussbrot ist ein typisches Frühstück in Barbados. Es ist sehr reichhaltig und man benötigt eigentlich keinen oder sehr wenig Belag. Am besten schmeckt es mit frischem Obst.

AGOLOU-BROT –
KARIBISCHES SANDWICH

8 Port.

3 Std.
25 Min.

Leicht

Zutaten

1 kg Mehl
42 g aktive Trockenhefe
16 g Zucker
2 Prisen Salz
200 g ungesalzene, weiche Butter
2 Eier
400 ml warme Milch

Nährwerte p. P.

322 kcal
45 g Kohlenhydrate
11 g Fett
8 g Eiweiß

1 Vermischen Sie Mehl, Hefe und Zucker in einer Rührschüssel. Geben Sie zwei Prisen Salz hinzu. Erhitzen Sie die Milch und die Butter zusammen in der Mikrowelle, bis die Butter geschmolzen ist. Geben Sie das Mehl hinein und verrühren Sie alles gut. Rühren Sie das Ei unter. Vermengen Sie die Masse zu einem cremigen Teig und kneten Sie diesen kurz. Decken Sie den Teig mit einem sauberen Küchentuch und lassen Sie ihn ca. zwei Stunden oder bis zur Verdoppelung des Volumens gehen.

2 Zerschneiden Sie den Teig in ca. acht gleich große Stücke. Formen Sie den Teig in gleichmäßige Kugeln. Falten Sie den Teig um sich herum und schließen Sie ihn auf der Rückseite. Drücken Sie jede Kugel zu einem Kreis von etwa einer Daumenbreite flach. Decken Sie diese ab und lassen Sie sie eine weitere Stunde gehen.

3 Verteilen Sie die Brötchen auf einem Backblech. Vermischen Sie das verbliebene Ei mit einem Schuss Wasser und verstreichen Sie das Ganze auf den Brötchen. Heizen Sie den Backofen auf 200 °C (Ober-/Unterhitze) vor.

4 Backen Sie die Brötchen, bis sie goldbraun sind. Das dauert ca. 15 Minuten. Beim Antippen sollten Sie hohl klingen.

Tipp: Beim Agolou-Brot handelt es sich um Brötchen, die für Sandwiches verwendet werden. Man halbiert sie und füllt sie dann mit gängigen Sandwich-Zutaten, meistens Käse, gewürztes Hackfleisch und Schinken.

BAMMY –
FLADENBROT AUS MANIOK

8 Port. | 3 Std. 25 Min. | Leicht

Zutaten

2 kg geriebene Maniokwurzel aufgetaut oder 500 g Maniokmehl (Fufu)
2 TL Salz
2 Tassen Kokosnussmilch oder Wasser
2 EL Zucker (optional)
4 - 5 EL Pflanzenöl

Nährwerte p. P.

322 kcal
45 g Kohlenhydrate
11 g Fett
8 g Eiweiß

1 Geben Sie den geriebenen Maniok in eine große Schüssel. Fügen Sie Salz und ggf. Zucker hinzu und vermischen Sie alles gut miteinander. Sollten Sie Maniokmehl benutzen, dann rühren Sie es zu einem dicken Brei mit Wasser an und fügen Sie ebenfalls Salz und Zucker hinzu.

2 Erhitzen Sie eine Pfanne auf mittlerer Hitze. Formen Sie aus dem Teig 16 kleine, flache, runde Fladen. Geben Sie die Fladen in die erhitzte Pfanne und braten Sie sie im Öl von allen Seiten, bis sie leicht braun werden.

3 Sie können die Bammy, wenn Sie möchten, danach auch 15 - 20 Minuten in Kokosmilch eintauchen und sie dann nochmals 4 - 5 Minuten von beiden Seiten braten, bis sie goldbraun sind.

Tipp: Bammy ist eine der bekanntesten jamaikanischen Spezialitäten. Die Besonderheit an diesem Brot ist, dass es aus geriebenem Maniok oder auch aus dessen Mehl hergestellt wird, anschließend wird es in Milch oder Kokosmilch eingeweicht. In karibischen Haushalten wird es oft als Brotersatz verwendet. Es passt gut zu Eintöpfen. Sie können die Fladenbrote jedoch auch als Appetizer z. B. mit einer Erdnusssoße oder einem Püree aus Süßkartoffeln servieren. Als süße Variante schmecken die Bammy auch sehr gut: Streuen Sie einfach eine Zimt-Zucker-Mischung darüber und geben Sie etwas Apfelmus dazu.

Salate

MANGOSALAT

8 Port. 45 Min. Leicht

Zutaten

2 Lollo Verde
2 Paprika, rot
100 g Stangensellerie
4 Frühlingszwiebeln
2 Mangos

Für die Marinade:
Saft von 1 Limette
1 TL Ingwer, frisch, fein gerieben
2 Prisen brauner Zucker
2 TL Sojasauce
4 EL Öl

Außerdem:
Salz
Chili (nach Belieben)

Nährwerte p. P.

231 kcal
27 g Kohlenhydrate
11 g Fett
2 g Eiweiß

1 Zerpflücken Sie den Lollo Verde, waschen Sie ihn und lassen Sie ihn gut abtropfen oder trocknen Sie ihn in einer Salatschleuder. Waschen und putzen Sie das Gemüse. Halbieren Sie die Paprika, befreien Sie sie vom Strunk und den Kernen und schneiden Sie sie in feine Streifen. Schneiden Sie die Frühlingszwiebeln in dünne Ringe.

2 Schälen Sie die Mango dünn (benutzen Sie am besten einen Sparschäler), stellen Sie sie auf die Spitze und schneiden Sie das Fruchtfleisch in zwei großen Stücken vom Kern. Schneiden Sie am Kern das verbleibende Fruchtfleisch ebenfalls ab. Schneiden Sie das Mangofruchtfleisch in dünne Scheiben.

3 Für die Marinade: Vermischen Sie Limettensaft mit dem Salz und zwei Prisen braunem Zucker. Rühren Sie dann die Sojasauce, Öl und Ingwer mit Hilfe eines Schneebesens ein. Würzen Sie das Ganze mit Chili und Salz.

4 Geben Sie Lollo Verde, Paprika, klein geschnittenen Sellerie und Frühlingszwiebeln in eine Schüssel und vermischen Sie das Ganze mit der Marinade. Richten Sie den Salat mit Mangoscheiben auf Tellern an und garnieren Sie eventuell mit Limettenscheiben und Frühlingszwiebelspitzen.

KARIBISCHER HÄHNCHENSALAT

8 Port.

1 Std.
50 Min.

Leicht

Zutaten

6 Hähnchenbrustfilets
6 EL Limettensaft
8 EL Sojasauce
600 g Basmatireis
200 g Crème fraîche
400 ml Geflügelbrühe Instant
200 ml Orangensaft
200 ml Ananassaft
4 EL Ingwer, frisch gerieben
10 EL Keimöl
4 reife Mangos
4 rote Zwiebeln
6 Stangen Staudensellerie
2 grüne Paprikaschoten
2 rote Paprikaschoten
Salz, Pfeffer
Cayennepfeffer

Nährwerte p. P.

778 kcal
94 g Kohlenhydrate
23 g Fett
46 g Eiweiß

1 Schneiden Sie die Hähnchenbrustfilets in quere dünne Scheiben. Nehmen Sie eine Schüssel, geben Sie Limettensaft und Sojasauce hinein und verrühren Sie das Ganze mit Cayennepfeffer. Geben Sie das Fleisch hinein und marinieren Sie es zugedeckt eine Stunde lang.

2 Waschen Sie den Reis in einem Sieb gründlich und kochen Sie ihn mit der doppelten Menge leicht gesalzenem Wasser auf und lassen Sie ihn ca. 20 Minuten bei kleiner Flamme quellen.

3 Verrühren Sie die Crème fraîche mit der Brühe, dem Orangensaft, dem Ananassaft und dem Ingwer. Mischen Sie das Ganze unter den Reis und würzen Sie mit Salz und Pfeffer.

4 Nehmen Sie die Hähnchenstreifen aus der Marinade, tupfen Sie sie trocken und braten Sie sie portionsweise im heißen Öl und rühren kurz und kräftig. Nehmen Sie das Fleisch dann aus der Pfanne und stellen Sie es beiseite.

5 Schälen Sie die Mangos und schneiden Sie das Fruchtfleisch in dünne Spalten. Schälen Sie die Zwiebeln, halbieren Sie sie längs und schneiden Sie sie in dünne Spalten. Putzen und waschen Sie den Sellerie und die Paprikaschoten. Schneiden Sie den Sellerie in dünne Scheiben. Halbieren, entkernen und schneiden Sie die Paprika in kleine Würfel. Vermischen Sie alles mit den Hähnchenstreifen und dem Reis in einer Schale und servieren Sie.

TORTOLA – KARIBISCHER SALAT

4 Port. 25 Min. Leicht

Zutaten

4 mittelgroße Tomaten
16 Stangenbohnen, grün
2 mittelgroße Peperoni, rot, mild
24 Trauben, blau, kernlos
100 g Honigmelone oder Ananas, frisch
100 g Erdnüsse, blanchiert, geröstet und gesalzen

Für das Dressing:
4 EL Kokoswasser
4 EL Orangensaft
4 EL Limettensaft, frisch
2 TL Salz
2 Prisen Cayennepfeffer

Zum Garnieren:
6 EL Kokosmilch, cremig
einige Erdnüsse

Nährwerte p. P.

235 kcal
11 g Kohlenhydrate
0 g Fett
1 g Eiweiß

1 Waschen Sie die Tomaten, entfernen Sie die Stiele, halbieren Sie sie längs und schneiden Sie den grün-weißen Stielansatz heraus. Halbieren Sie jede Hälfte längs, entfernen Sie die Körner und dritteln Sie die Viertel quer. Waschen Sie die Bohnen, putzen Sie sie, längen Sie sie auf ca. 5 cm ab und blanchieren Sie sie sechs Minuten.

2 Entstielen Sie die rote Peperoni, waschen Sie sie, halbieren Sie sie längs, entfernen Sie die Körner und die Scheidewände und schneiden Sie die Hälften diagonal in ca. 1 cm breite Stücke. Waschen Sie die Trauben, entfernen Sie die Stiele und halbieren Sie sie längs. Schneiden Sie von einer Honigmelone ein Stück ab, schälen Sie sie, entfernen Sie die Körner und zerkleinern Sie sie mundgerecht.

3 Mischen Sie alle oben vorbereiteten Zutaten mit den Erdnüssen. Mischen Sie die Zutaten zum Dressing. Geben Sie kurz vor dem Servieren das Dressing zum Salat. Verteilen Sie den fertigen Salat auf Servierschalen, garnieren Sie mit Kokosmilch und servieren Sie.

TOMATEN AUF KARIBISCHE ART

2 Port.

10 Min.

Leicht

Zutaten

4 Tomaten
1 rote Zwiebel
2 grüne Pfefferschoten
1 Avocado
2 EL Limettensaft
4 EL Olivenöl

Nach Geschmack:
Salz, Pfeffer, Zucker
frischer Koriander

Nährwerte p. P.

235 kcal
11 g Kohlenhydrate
0 g Fett
1 g Eiweiß

1 Schälen Sie die Zwiebel und schneiden Sie sie in sehr dünne Scheiben, die Pfefferschoten in Ringe. Schneiden Sie das Fruchtfleisch der Avocado in Spalten.

2 Verrühren Sie den Saft der Limette mit dem Öl und den Gewürzen, je nachdem, wie Sie das Dressing mögen.

3 Schneiden Sie die Tomaten in dünne Scheiben.

4 Richten Sie alles an und beträufeln Sie den Salat mit dem Dressing und bestreuen Sie ihn mit Koriander.

KARIBISCHER REISSALAT MIT ANANAS UND MANGO

8 Port. | 1 Std. 10 Min. | Leicht

Zutaten

200 ml Kokosmilch, ungesüßt
400 ml Wasser
2 - 3 TL Instant-Gemüsebrühe
2 TL Currypulver
1 TL Chilipulver
2 Stk. Bio-Zitronen (nur die Schale davon)
300 g Naturreis, Rundkorn
4 Orangen, Saft
1 Zitrone. Saft
4 TL Sojasauce
2 TL Honig
2 TL Ingwer
300 g Ananas, kleine Stücke
2 Mangos, klein, in Stücke geschnitten
2 Karotten, grob gerieben
6 Frühlingszwiebeln, in feine Ringe geschnitten
Etwas Salz

Nährwerte p. P.

1283 kcal
218 g Kohlenhydrate
27 g Fett
29 g Eiweiß

1 Geben Sie die Kokosmilch, Gemüsebrühe, Wasser, Currypulver und Zitronenschale in einen Topf und kochen Sie alles auf. Mischen Sie den Reis unter und köcheln Sie diesen zugedeckt ca. 35 Minuten weich. Geben Sie bei Bedarf noch etwas Wasser dazu. Nehmen Sie den Reis vom Herd und lassen Sie diesen zugedeckt ausquellen. Entfernen Sie die Zitronenschale.

2 Verrühren Sie für das Dressing Orangen- und Zitronensaft mit Sojasauce, Honig, Ingwer und Chili. Vermischen Sie den heißen Reis mit dem Dressing und lassen Sie diesen abkühlen.

3 Vermischen Sie den Reissalat mit Ananas, Mango, Karotte und Frühlingszwiebeln. Schmecken Sie den Salat mit Salz und Chili ab.

JAMAIKANISCHER SALAT

 12 Port. |  2 Std. 40 Min. | Leicht

Zutaten

4 Tassen Basmati- oder Jasminreis, gekocht
4 Hühnerbrüste, entbeint, im Ganzen
etwas Pflanzenöl
2 Stiele Stangensellerie, fein geschnitten
2 Bund Frühlingszwiebeln, fein geschnitten
2 Paprikaschoten, rot, in Würfel geschnitten
500 g saure Sahne
8 EL Mayonnaise
6 EL Mangochutney
4 EL Currypulver
4 EL Selleriesalz
4 EL Erdnüsse, geröstet, grob gehackt
Limettensaft, Rum (nach Belieben)

Zum Bestreuen:
Petersilie und Korianderblätter, grob gehackt

Nährwerte p. P.

1370 kcal
102 g Kohlenhydrate
67 g Fett
82 g Eiweiß

1 Pfeffern und salzen Sie die Hühnerbrüste und braten Sie sie in etwas Pflanzenöl in einer Pfanne braun an. Löschen Sie den Bratrückstand mit wenig Wasser, etwas Limettensaft und gutem Rum ab und lösen Sie diesen auf. Lassen Sie das Ganze abkühlen.

2 Rühren Sie aus der Mayonnaise, der sauren Sahne und den Gewürzen eine Sauce, rühren Sie die klein geschnittenen Hühnerbrüste, den Reis und das Gemüse ein und stellen Sie alles ca. zwei Stunden kalt und lassen Sie es ziehen.

3 Bestreuen Sie beim Anrichten den Salat mit der gehackten Petersilie und den Korianderblättern.

KUBANISCHER SALAT

8 Port.

2 Std.
40 Min.

Leicht

Zutaten

2 Ananas, Enden abgeschnitten, längs geschält
200 g Gartenkresse, gut gewaschen u. abgetropft
2 kleine rote Zwiebeln, in feine Streifen geschnitten
4 reife Avocados, geschält, entkernt u. in ca. 1 cm große Stücke geschnitten
100 g Erdnusskerne, in trockener Pfanne kurz geröstet u. grob gehackt
2 TL Agavensirup
1 TL frisch gemörtelter Kreuzkümmel
2 EL Zitronensaft, frisch gepresst
8 EL Orangensaft, frisch gepresst
2 Knoblauchzehen, fein gehackt
6 - 7 EL Olivenöl
Salz, frisch gemahlener Pfeffer (nach Geschmack)

Nährwerte p. P.

1370 kcal
102 g Kohlenhydrate
67 g Fett
82 g Eiweiß

1 Schneiden Sie das Fruchtfleisch der geschälten Ananas in mundgerechte Stücke. Verrühren Sie Orangensaft, Kreuzkümmel, Olivenöl, Zitronensaft, Agavensirup, Salz und Pfeffer für das Dressing.

2 Geben Sie die Ananasstücke mit der Kresse und den Zwiebeln in eine Schüssel und vermischen Sie das Ganze mit dem Dressing. Verteilen Sie das Ganze auf Tellern und bestreuen Sie alles gleichmäßig mit Avocado- und Erdnusstücken.

Suppen

KUBANISCHE HÜHNERSUPPE

12 Port.

55 Min.

Mittel

Zutaten

1000 g Hühnerbrust
4 Zwiebeln
4 EL Pflanzenöl
4 Kochbananen
2 l Hühnerbrühe
6 Karotten
1000 g Süßkartoffeln
2 Avocados
1600 g rote Bohnen (aus der Dose)
1200 ml Kokosmilch
1 Chilischote
60 g Ingwer
10 Lauchzwiebeln
Salz

Nährwerte p. P.

601 kcal
28 g Kohlenhydrate
40 g Fett
31 g Eiweiß

1 Würfeln Sie die geschälten Zwiebeln und schwitzen Sie sie in dem Pflanzenöl an. Geben Sie die gewürfelten Kochbananen dazu und röste Sie sie kurz mit. Löschen Sie das Ganze mit der Hühnerbrühe ab, lassen Sie alles kurz köcheln und pürieren Sie es anschließend.

2 Schälen Sie die Karotten und Süßkartoffeln. Schneiden Sie die Karotten in Scheiben. Würfeln Sie die Süßkartoffeln. Kochen Sie das Hühnerfleisch gar und zerteilen Sie es in kleine Stücke. Geben Sie die Süßkartoffeln, das gekochte Hühnerfleisch und Karotten in den Topf und lassen Sie alles weichkochen.

3 Schneiden Sie in dieser Zeit die Avocados in kleine Stückchen. Geben Sie die Avocado-Stückchen, Bohnen (abgespült und abgetropft) und die Kokosmilch mit in den Topf.

4 Hacken Sie die Chilischote und den Ingwer klein und geben Sie diese hinzu. Schmecken Sie alles mit Salz ab. Schneiden Sie die Lauchzwiebeln in kleine Ringe und streuen Sie sie über die Suppe.

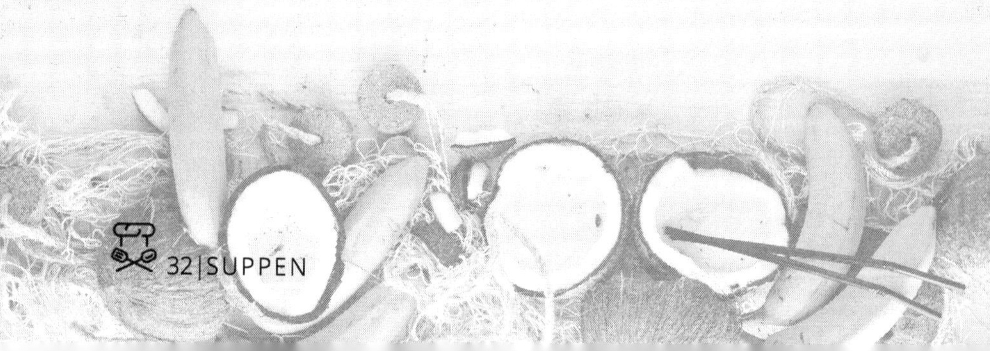

KARIBISCHE TOMATENSUPPE

8 Port.

50 Min.

Mittel

Zutaten

60 g Ingwer, frisch
250 g Zwiebeln
2 Chilischoten, rot
4 EL Olivenöl
2 kg Tomaten, sehr reif (ersatzweise 1 Dose Tomaten)
4 EL Currypulver, scharf
800 ml Kokosmilch, ungesüßt
800 ml Gemüsebrühe
2 Bund Koriandergrün
8 Frühlingszwiebeln
6 EL Öl
Salz, Pfeffer
ein paar Kokos-Chips
etwas Öl (für das „Topping")

Nährwerte p. P.

350 kcal
12 g Kohlenhydrate
31 g Fett
4 g Eiweiß

1 Schälen und hacken Sie den Ingwer, würfeln Sie die Zwiebeln fein. Entkernen Sie die roten Chilischoten und hacken Sie diese. Dünsten Sie das Ganze in Olivenöl 2 – 3 Minuten an. Zerkleinern Sie die reifen Tomaten und geben Sie sie dazu. Dünsten Sie alles weitere vier Minuten.

2 Geben Sie das scharfe Currypulver dazu und dünsten Sie es kurz mit. Gießen Sie die Kokosmilch und Gemüsebrühe dazu. Bringen Sie alles zum Kochen und kochen Sie es bei nicht zu starker Hitze ca. 30 Minuten.

3 Für das Topping: Zupfen Sie in der Zwischenzeit das Koriandergrün ab und hacken Sie es klein. Hacken Sie das Weiße und Grüne von den Frühlingszwiebeln. Geben Sie etwas Salz und Pfeffer hinzu. Pürieren Sie die Suppe mit einem Stabmixer, geben Sie sie durch ein nicht zu feines Sieb und würzen Sie nochmals mit Salz und Pfeffer.

4 Rösten Sie die Kokos-Chips kurz in einer Pfanne ohne Öl. Servieren Sie die Suppe mit dem Koriander und den leicht gerösteten Kokos-Chips.

SOPA DE CHICHAROS – KUBANISCHE ERBSENSUPPE

16 Port.

1 Std. 45 Min.

Mittel

Zutaten

200 g getrocknete Erbsen (folgen Sie den Anweisungen, um bei Bedarf über Nacht einzuweichen)
2 EL Olivenöl
2 große Zwiebeln, gewürfelt
2 EL Knoblauch, gehackt
12 - 14 Stangen Sellerie, gehackt
6 - 7 große Möhren, gehackt
8 - 9 mittlere rote Kartoffeln, gehackt
500 g Calabaza-Kürbis (oder Butternusskürbis)
2 TL flüssiger Rauch
1 EL getrockneter Oregano
1 EL gemahlener Kreuzkümmel
2 TL geräucherte Paprika
1 TL gemahlener Pfeffer
1 TL Knoblauchpulver
4 Lorbeerblätter
1 TL Salz, Pfeffer
20 Scheiben Schinken
8 Tassen Hühnersuppe (Knochenbrühe oder Brühe)
8 Tassen Wasser

Nährwerte p. P.

736 kcal
84 g Kohlenhydrate
25 g Fett
45 g Eiweiß

1 Folgen Sie den Anweisungen in der Packung, um die getrockneten Erbsen einzuweichen und die Wassermenge und Zeitdauer für die Zubereitung zu bestimmen. Wichtig ist, dass Sie die Erbsen sowohl vor als auch nach dem Einweichen gründlich ausspülen.

2 Nehmen Sie einen Suppentopf und erhitzen Sie darin das Olivenöl bei mittlerer Hitze. Geben Sie Sellerie, die Möhren, den Knoblauch und die Zwiebel hinein und braten Sie das Ganze 3 - 4 Minuten lang oder bis es duftet.

3 Fügen Sie den gehackten Kürbis und die gehackten roten Kartoffeln hinzu. Fügen Sie den flüssigen Rauch, die Lorbeerblätter und die Gewürze hinzu. Anschließend fügen Sie den gewürfelten Schinken hinzu. Lassen Sie die eingeweichten Erbsen abtropfen, spülen Sie sie ab und geben Sie sie in den Suppentopf. Geben Sie die Hühnerbrühe oder Brühe mit dem gleichen Teil Wasser hinein und rühren Sie alles gut um.

4 Decken Sie die Suppe ab und bringen Sie sie zum Kochen, rühren Sie sie um und reduzieren Sie anschließend die Hitze. Lassen Sie sie 90 Minuten köcheln und rühren Sie sie bei Gelegenheit um.

5 Schmecken Sie die Suppe vor dem Servieren ab und passen Sie die Gewürze nach Ihrem Geschmack an. Wenn Ihnen die Suppenkonsistenz nicht dick genug ist, können Sie den Deckel für die letzten 20 - 30 Minuten der Kochzeit abnehmen, um die Suppe zu verdicken.

Info: Diese Suppe ist die kubanische Version der klassischen Spalterbsensuppe. Die kubanische Chicharos, auch Sole de Chicharos oder Potaje de Chicharos genannt, ist ein grüner Erbseneintopf. Als Chicaros bezeichnet man den Erbsen-Anteil in der Suppe oder im Eintopf.

KUBANISCHE FISCHSUPPE

16 Port.

1 Std.

Mittel

Zutaten

4 Stk. Red Snapper (oder Goldbrassen, je ca. 400 g)
1000 g Erdäpfel
600 g Kürbis
300 g Zwiebeln
4 TL Salz
2 TL Kreuzkümmel
250 ml Weißwein
4 TL Paprikapulver, scharf
2 EL Paradeismark
2,4 l Wasser
8 Thymianzweige
60 g Koriander, fein geschnitten
Salz
Olivenöl

Nährwerte p. P.

298 kcal
25 g Kohlenhydrate
8 g Fett
25 g Eiweiß

1 Spülen Sie die Fische innen und außen kalt ab. Schälen Sie die Erdäpfel, Kürbis und Zwiebeln und schneiden Sie alles in Würfel. Erhitzen Sie in einem großen Topf 4 EL Öl und schwitzen Sie darin die Zwiebeln langsam an. Geben Sie den Kürbis hinzu und schwitzen Sie diesen ca. fünf Minuten an.

2 Dann geben Sie die Erdäpfel hinzu und schwitzen sie fünf Minuten an. Geben Sie Salz und Kreuzkümmel dazu, schwenken Sie durch und löschen Sie mit Wein ab. Mischen Sie Paprika und Paradeismark unter, gießen Sie mit Wasser auf und geben Sie gehackten Thymian und die Fische hinzu. Köcheln Sie die Suppe ca. 20 Minuten.

3 Nehmen Sie die Fische heraus, entfernen Sie den Kopf, die Flossen und die Gräten. Schneiden Sie das Fleisch in Stücke. Pürieren Sie die Suppe mit dem Stabmixer, schmecken Sie mit Salz ab und servieren Sie mit Fischstücken und Koriander bestreut.

SANCOCHO – DOMINIKANISCH-KREOLISCHE SUPPE

5 Port.

2 Std. 25 Min.

Mittel

Zutaten

250 g Schweinefleisch entbeint, in Würfel geschnitten
250 g Knochen Schweinefleisch, geschnitten
2 Tassen Wasser
½ EL Salz
2 Maiskolben, in kleine Stücke geschnitten
1 grüne Banane (Kochbanane) geschält, in vier Stücke geschnitten und mit Zitronensaft beträufelt
1 Pfund Maniok, geschält und in Stücke geschnitten
1 Pfund Yams, geschält und in Stücke geschnitten
1 Malanga (Taro) geschält und in Stücke geschnitten
1 Süßkartoffel geschält und in Stücke geschnitten
½ kleiner Kürbis geschält und in Stücke geschnitten
Safran, nach Bedarf
1 Flasche Sofrito (12 Unzen, können Sie im Internet bestellen)
1 reife Banane (Kochbanane) geschält und in Stücke geschnitten

Nährwerte p. P.

298 kcal
25 g Kohlenhydrate
8 g Fett
25 g Eiweiß

1 Mischen Sie in einem großen Topf Fleisch, Knochen, Wasser und Salz und kochen Sie alles. Entfernen Sie den Schaum auf der Oberfläche, reduzieren Sie die Hitze und lassen Sie das Ganze ca. eine Stunde köcheln.

2 Fügen Sie Mais und die grüne Banane hinzu, mischen Sie alles und kochen Sie das Ganze für 30 Minuten.

3 Fügen Sie Maniok, Yams und Taro hinzu. Mischen und kochen Sie das Ganze ein paar Minuten weiter.

4 Fügen Sie die Süßkartoffeln, den Kürbis, die Flasche Sofrito und den Safran hinzu. Geben Sie die reifen Bananen hinzu und kochen Sie alles, bis das Gemüse gar ist.

KARIBISCHE KOKOSSUPPE

4 Port.

25 Min.

Leicht

Zutaten

2 gelbe Paprika
4 Frühlingszwiebeln
1 Limette
2 Knoblauchzehen
2 Dosen Kidneybohnen
2 Dosen Tomaten, in Stückchen
2 Dosen Kokosmilch, 250 ml
4 Stück Tortilla-Wraps
2 Prisen Kreuzkümmel
4 Prisen Bockshornklee, geröstet, ganz
2 Messerspitzen Piment, gemahlen
Öl (nach Belieben)
Salz, Pfeffer

Nährwerte p. P.

778 kcal
80 g Kohlenhydrate
37 g Fett
27 g Eiweiß

1 Waschen Sie das Gemüse ab. Heizen Sie den Ofen auf 200 °C (Ober-/Unterhitze) vor.

2 Halbieren Sie die Paprika, entfernen Sie das Kerngehäuse und schneiden Sie die Paprikahälften in ca. 2 cm große Würfel. Schneiden die Frühlingszwiebeln in Ringe, auch den weißen Teil, und trennen Sie dann den grünen vom weißen Teil. Ziehen Sie die Knoblauchzehen ab. Reiben Sie die Schale der Limette ab und halbieren Sie die Limette. Spülen Sie die Kidneybohnen in einem Sieb mit kaltem Wasser ab.

3 Erwärmen Sie in einem großen Topf 2 TL Öl bei mittlerer Stufe, geben Sie die weißen Frühlingszwiebelringe und Paprikawürfel hinzu, pressen Sie den Knoblauch dazu und braten Sie alles ca. drei Minuten.

4 Löschen Sie alles mit den Tomaten ab. Geben Sie die Gewürze, die Kidneybohnen und die Kokosmilch hinzu und verrühren Sie alles gut miteinander. Schmecken Sie die Suppe mit Salz und Pfeffer ab und lassen Sie alles bei mittlerer Hitze 10 - 12 Minuten weiter köcheln.

5 Schneiden Sie die Tortilla-Wraps in je 16 gleich große Dreiecke. Verteilen Sie sie auf einem mit Backpapier belegtem Backblech, beträufeln Sie das Ganze mit 2 TL Olivenöl und würzen Sie mit Salz und Pfeffer. Backen Sie sie auf mittlerer Schiene im Backofen 4 - 5 Minuten knusprig.

6 Schmecken Sie die Kokossuppe mit etwas Limettensaft ab und verteilen Sie sie auf Tellern. Toppen Sie die Suppe mit abgeriebener Limettenschale und grünen Frühlingszwiebeln und servieren Sie sie mit knusprigen Tortilla-Chips.

CALLALOO – TRINIDADISCHE SUPPE

8 Port.

20 Min.

Leicht

Zutaten

800 g Blattspinat (oder Mangold)
2 Zwiebeln
4 Knoblauchzehen
4 EL Butter
1200 ml Hühnerbrühe
400 ml Kokosmilch, ungesüßt
1 TL schwarzer Pfeffer
1 TL Koriander
2 EL Orangensaft
2 EL Limettensaft
Chili (nach Belieben)
400 g Krebsfleisch

Nährwerte p. P.

260 kcal
35 g Kohlenhydrate
11 g Fett
6 g Eiweiß

1 Befreien Sie den Spinat von harten Wurzeln, waschen Sie ihn gründlich unter fließendem Wasser, schneiden Sie ihn dann in feine Streifen. Schälen Sie die Zwiebeln und würfeln Sie sie fein. Häuten Sie den Knoblauch. Zerlassen Sie die Butter in einem Topf und schwitzen Sie darin die Zwiebeln glasig an. Drücken Sie den Knoblauch durch die Knoblauchpresse dazu und braten Sie diesen unter Rühren kurz mit.

2 Geben Sie den Spinat in den Topf und lassen Sie diesen unter Rühren zusammenfallen. Gießen Sie Hühnerbrühe, Kokosmilch, Limettensaft und Orangensaft an, würzen Sie alles und lassen Sie es halb zugedeckt köcheln.

3 Zerpflücken Sie das Krebsfleisch in kleine Stücke und geben Sie es zur Suppe. Lassen Sie es 2 - 3 Minuten köcheln. Pürieren Sie die Suppe und servieren Sie sie.

Info: Callaloo ist in der Karibik der Name für die großen grünen Blätter der Taro, Dastehen, Tanya, Amaranth oder Yakutia Wurzel. Callaloo ist eine der beliebtesten Suppen, die in Trinidad und Tobago hergestellt werden. Trinidadianer, Grenadianer und Dominikaner benutzen hauptsächlich Taro oder Dastehen Busch für Callaloo, obwohl Dominikaner auch Wasserspinat benutzen. Jamaikaner, Belizeaner und Guyaner benutzen Amaranth. Callaloo-Blätter enthalten sehr viel Vitamin A, B und C und sind außerdem reich an Ballaststoffen, Eisen und Kalzium.
Frisches Callaloo können Sie online bei mehreren Verkaufsstellen kaufen. Es wird ebenfalls in vielen Teilen der südlichen Vereinigten Staaten angebaut.

BANANENSUPPE

8 Port.

50 Min.

Leicht

Zutaten

2 Zwiebeln
2 Staudensellerie
2 Möhren
2 Chilischoten
4 Knoblauchzehen
4 Kochbananen
6 EL Sesamöl
400 ml Orangensaft
400 ml Gemüsebrühe
400 ml Kokosmilch
2 Döschen Safranpulver
Cayennepfeffer
Salz
Zwiebelsprossen (zum Garnieren)

Nährwerte p. P.

272 kcal
45 g Kohlenhydrate
8 g Fett
3 g Eiweiß

1 Schälen und hacken Sie die Zwiebeln fein. Putzen Sie die Selleriestangen, waschen Sie sie und schneiden Sie sie in feine Scheiben. Putzen Sie die Möhren, schälen Sie sie und schneiden Sie sie ebenfalls in feine Scheiben. Waschen Sie die Chili, halbieren Sie sie der Länge nach, entkernen Sie sie und hacken Sie sie fein.

2 Schälen Sie die Kochbananen und schneiden Sie diese in Würfel. Dünsten Sie die Zwiebeln, Sellerie, Möhren, gehackten Knoblauch und Chili im Sesamöl an. Geben Sie die Kochbananen dazu und dünsten Sie sie mit. Löschen Sie mit Orangensaft, Gemüsebrühe und Kokosmilch ab. Kochen Sie das Ganze auf und lassen Sie es 20 Minuten bei niedriger Hitze köcheln.

3 Pürieren Sie die Suppe dann mit einem Pürierstab sehr fein. Schmecken Sie mit Safran, Cayennepfeffer und Salz ab und servieren Sie mit Zwiebelsprossen garniert.

Tipp: Kochbananen sind richtige Vitaminbomben, 100 g davon decken ca. zehn Prozent des täglichen Bedarfs an Vitamin C und A. Außerdem enthalten Sie viele B-Vitamine, B6 spielt zum Beispiel eine Rolle im Hormonstoffwechsel und ist für ein gesundes Nervensystem das A und O. Im Vergleich zu den uns bekannten Bananen schmecken Kochbananen eher mehlig. Wenn die Schale ziemlich dunkel ist, schmeckt die Banane am besten. Je nachdem können Sie die Suppe auch mit etwas Curry würzen.

Hauptspeisen mit Fleisch

GESCHMORTES JAMAIKANISCHES HÄHNCHEN

 8 Port.

 6 Std.

 Leicht

Zutaten

2 Bund Frühlingszwiebeln
4 Knoblauchzehen
8 Chilischoten
10 EL trockener Sherry
10 EL Orangensaft
10 EL Zitronensaft
4 TL Thymian, getrocknet
2 TL Sonnenblumenöl
2 TL Ingwer, gemahlen
2 TL Zimt, gemahlen
½ TL Muskat, frisch gerieben
Salz, Pfeffer
6 EL Sojasauce
400 g Tomatenketchup
2 Maispoularden (ca. 1,5 kg)
2 Bund Suppengrün
800 ml Geflügelfond

Nährwerte p. P.

795 kcal
25 g Kohlenhydrate
39 g Fett
81 g Eiweiß

1 Für die Marinade: Putzen, waschen und hacken Sie am Vortag die Frühlingszwiebeln. Schneiden Sie den Knoblauch grob. Putzen, waschen, entkernen und hacken Sie die Chilischoten fein. Pürieren Sie die Frühlingszwiebeln, Chili, Knoblauch, Sherry, Zitronen- und Orangensaft, Thymian, Öl, Ingwer, Zimt, Muskat und je 2 TL Salz und Pfeffer in einem Küchenmixer. Rühren Sie Sojasauce und Ketchup unter.

2 Zerteilen Sie die Maispoularde in jeweils acht Stücke. Legen Sie die Fleischstücke in einen Schmortopf und gießen Sie die Marinade darüber. Stellen Sie das Fleisch für mindestens vier Stunden, besser jedoch über Nacht, zugedeckt kalt.

3 Nehmen Sie den Topf zwei Stunden, bevor er in den Ofen kommt aus dem Kühlschrank. Putzen Sie das Suppengrün und schneiden Sie es in kleine Würfel. Verteilen Sie es auf den Fleischstücken und gießen Sie den Fond zu. Schmoren Sie das Ganze zugedeckt im vorgeheizten Backofen bei 200 °C (Gas 3, Umluft 180 °C) 1 – 1,5 Stunden.

Info: Jerk Food ist in Jamaika sehr beliebt. Die ursprüngliche Zubereitungsart und die Idee von Jerk Chicken kommt von den Marinos. Diese entkamen den englischen Streitmächten in die unzugänglichen Blue Mountains. Die Sklaven nahmen Hühner- und Schweinefleisch und schmorten und garten es in einem Erdloch versteckt, damit sie aufgrund des Rauches bei offenem Feuer nicht von den britischen Soldaten entdeckt werden konnten. Sie nutzten für das Feuer Pimentholz. Damit die Haltbarkeit verlängert werden konnte, wurde viel Piment zum Würzen verwendet. Das Aroma des Holzes wird im Fleisch absorbiert. Dies passiert durch das langsame Garen über dem Pimentholz. So entsteht auch der besondere Geschmack.

JAMAIKANISCHE HÜHNERSPIEßE

8 Port.

6 Std.

Leicht

Zutaten

4 Knoblauchzehen
60 g Ingwer
2 rote Chilis
2 Orangen
4 Zitronen
2 EL Thymianblätter
2 TL gemahlener Zimt
½ TL Muskat
160 ml Ketchup
40 ml Sojasauce
200 ml Olivenöl
8 Hühnerfilets
1 kg Auberginen
200 g rote Zwiebeln
2 Handvoll Petersilienblätter
8 EL weißer Balsamico
Salz, Pfeffer (aus der Mühle)

Nährwerte p. P.

1523 kcal
51 g Kohlenhydrate
97 g Fett
100 g Eiweiß

1 Schälen Sie Knoblauch und Ingwer, putzen Sie die Chili und hacken Sie alles grob. Pressen Sie 160 ml Orangen- und 80 ml Zitronensaft aus. Pürieren Sie alles mit Thymian, Zimt, Muskat, Ketchup, Sojasauce und 60 ml Öl fein. Spülen Sie die Hühnerfilets kalt ab, tupfen Sie sie trocken und schneiden Sie sie horizontal in je zwei dünnere Filets. Legen Sie sie in die Marinade ein und lassen Sie sie mindestens drei Stunden ziehen.

2 Legen Sie währenddessen 16 Holzspieße in viel Wasser ein. Putzen Sie die Auberginen, schneiden Sie sie in ca. 1 cm dicke Scheiben, salzen Sie sie und lassen Sie sie mindestens 40 Minuten ziehen. Schälen Sie die Zwiebeln und schneiden Sie sie in feine Streifen. Hacken Sie die Petersilie grob.

3 Heizen Sie den Grill auf mittlere oder starke direkte Hitze vor. Nehmen Sie die Spieße aus dem Wasser. Stecken Sie die Hühnerfilets auf je vier Spieße. Tupfen Sie die Auberginen ab. Legen Sie die Auberginen über der Glut auf den Rost und grillen Sie sie auf jeder Seite ca. vier Minuten. Vermischen Sie das Ganze mit Zwiebeln, Petersilie, restlichem Öl und Essig und schmecken Sie mit Salz und Pfeffer ab.

4 Legen Sie die Spieße auf den Rost über der Glut und grillen Sie sie auf jeder Seite fünf Minuten. Lassen Sie sie dann am Rand des Rostes ca. eine Minute ruhen. Salzen und pfeffern Sie sie. Richten Sie die Spieße mit dem Auberginensalat an und servieren Sie sie.

JAMAIKANISCHE PASTETEN

36 Stk.

3 Std. 15 Min.

Mittel

Zutaten

Für den Teig:
1 kg Mehl
4 TL Kurkumapulver oder Anatto
2 TL Salz
4 - 5 EL kaltes Wasser
1 TL Butter

Für die Füllung:
4 EL Pflanzenöl oder Butterschmalz
2 große Zwiebeln, fein gehackt
4 Knoblauchzehen, fein gehackt
4 frische Chilischoten, entkernt und fein gehackt
2 Zweige Thymian
2 Zweige Petersilie
8 Halme Schnittlauch, fein gehackt
8 große Tomaten, abgezogen und gehackt
750 gehacktes Fleisch oder Fisch
2 Msp. Kurkumapulver oder Anatto
2 Msp. Ingwer, gerieben
2 Msp. Kreuzkümmel, gemahlen
2 TL Piment
1 TL Kardamom, gemahlen
Salz, Pfeffer
250 ml Wasser oder Brühe
2 EL brauner Jamaika-Rum
2 Eigelb, verquirlt (Glasur)

Nährwerte p. P.

2863 kcal
365 g Kohlenhydrate
95 g Fett
123 g Eiweiß

1 Teig: Sieben Sie Mehl, Kurkuma und Salz in eine Schüssel. Geben Sie die Butter hinzu und arbeiten Sie diese mit den Fingern unter, sodass feine Streusel entstehen. Fügen Sie etwas Wasser hinzu und kneten Sie es unter, damit der Teig zusammenhält. Wickeln Sie den Teig in Klarsichtfolie und legen Sie ihn für zwei Stunden in den Kühlschrank.

2 Füllung: Nehmen Sie einen Topf und erhitzen Sie darin Öl oder Butterschmalz. Geben Sie Zwiebeln, Knoblauch, Chili, Thymian, Petersilie, Schnittlauch und Tomaten dazu und garen Sie diese weich. Fügen Sie das Fleisch und alle übrigen Gewürze hinzu. Würzen Sie nach Geschmack mit Salz und Pfeffer.

3 Gießen Sie das Wasser oder die Brühe zu und lassen Sie alles bei mittlerer Hitze ca. 25 Minuten köcheln, bis die Flüssigkeit vollständig verkocht ist. Geben Sie den Rum dazu, nehmen Sie das Ganze vom Herd und lassen Sie es abkühlen.

4 Heizen Sie den Backofen auf 200 °C (Gasstufe 4) vor.

5 Rollen Sie den Teig aus und stechen Sie mit einer Schüssel runde Teigplatten von 20 - 30 cm Durchmesser aus. Setzen Sie jeweils 2 EL Teigfüllung auf eine Hälfte der Kreise und klappen Sie die andere Hälfte darüber, sodass eine halbkreisförmige Teigtasche entsteht. Bestreichen Sie die Teigränder mit verquirltem Eigelb und drücken Sie diese mit einer Gabel zusammen.

6 Fetten Sie ein Backblech ein und bestäuben Sie es mit Mehl. Legen Sie die Pasteten darauf und bestreichen Sie sie mit Eigelb. Backen Sie die Pasteten auf mittlerer Einschubleiste ca. 30 Minuten, bis die Pasteten goldbraun sind.

Info: Viele korsische Schiffe und Matrosen waren im 17. Jahrhundert an dem Routendreieck beteiligt. Dieser war zwischen Ostafrika, England und der Karibik für den Handel mit Gewürzen, Sklaven und Zucker. Die jamaikanischen Patties sind daher ein Derivat des Cornish Pasty, welche die korsischen Matrosen nach Jamaika brachten. Im Laufe der Zeit wurde es jedoch angepasst, damit lokale Zutaten aufgenommen werden konnten. Die chinesischen und indischen Einflüsse kamen danach auch noch in den Gewürzen von Vertragsarbeitern, die in die Karibik reisten, nach der Abschaffung der Sklaverei und dort arbeiteten.

ROPA VIEJA – GESCHNETZELTES RINDFLEISCH MIT GEMÜSE

12 Port. 4 Std. Leicht

Zutaten

4 Zwiebeln
8 Knoblauchzehen
2 kg Flank Steak
4 Paprikaschoten, rot
4 Paprikaschoten, grün
6 EL Rapsöl
Salz, Pfeffer
3 TL gemahlener Kreuzkümmel
2 EL Paprikapulver, edelsüß
2 EL Paprikapulver, scharf
2 EL Paprikapulver, rosenscharf
4 TL getrockneter Oregano
2 - 3 EL Zucker
2 EL Tomatenmark
150 ml Weißwein
2 Dosen Tomaten, stückig
4 Lorbeerblätter
350 g Oliven, grün (entkernt) + 4 EL Flüssigkeit
6 EL Kapern + 2 EL Flüssigkeit
frische Petersilie, gehackt

Nährwerte p. P.

2557 kcal
52 g Kohlenhydrate
114 g Fett
304 g Eiweiß

1 Schälen Sie die Zwiebeln und den Knoblauch. Schneiden Sie die Zwiebel fein, hacken Sie den Knoblauch grob. Tupfen Sie das Fleisch trocken und salzen Sie es. Sie können es auch leicht mit Mehl bestäuben. Erhitzen Sie 4 EL Öl in einem Bräter. Braten Sie das Fleisch rundherum kräftig an, nehmen Sie es dann heraus.

2 Reduzieren Sie die Hitze und braten Sie die Zwiebeln und kleingeschnittene Paprika im heißen Öl ca. fünf Minuten an. Geben Sie den Knoblauch hinzu und braten Sie alles eine weitere Minute an. Bestreuen Sie das Ganze mit Zucker. Geben Sie Tomatenmark und die Gewürze, außer dem Paprikapulver, hinzu und rösten Sie alles unter Rühren ca. eine Minute an. Löschen Sie mit Wein ab und rühren Sie alles gut durch. Kratzen Sie dabei mit dem Kochlöffel den Boden ab, damit sich die Röststoffe vom Boden lösen.

3 Geben Sie die Tomaten, Paprikapulver und Lorbeerblätter hinzu und kochen Sie das Ganze auf. Geben Sie das Fleisch hinzu und schmoren Sie es zugedeckt ca. 3,5 Stunden (geht auch bei 150 °C Ober-/Unterhitze im Backofen). Wenden Sie das Fleisch in dieser Zeit zwei- bis dreimal.

4 Nehmen Sie das Fleisch aus der Soße und zerzupfen Sie es mit einer Gabel. Geben Sie das zerzupfte Fleisch zurück in den Bräter und wärmen Sie es in der Soße wieder auf. Geben Sie Oliven, Kapern und etwas von der Flüssigkeit hinzu und lassen Sie alles bei geringer Hitze aufkochen.

5 Richten Sie das Ganze auf Tellern an und garnieren Sie mit gehackter Petersilie. Dazu passt Reis.

Info: Dieses Gericht hat seinen Ursprung in Spanien. Ropa Vieja ist ein traditionelles sephardisches Gericht aus dem Mittelalter. Viele spanischen Ankömmlinge kamen von den Kanarischen Inseln, wo Ropa Vieja schon lange ein beliebtes Gericht war. Nachdem sie sich in Kuba niedergelassen hatten, kochten sie weiter Ropa Vieja. Diese Tradition hat Generation für Generation gedauert, nun betrachten die Kubaner Ropa Vieja als Nationalgericht. Ropa Vieja wird nicht nur in Spanien und in Kuba gefunden. Die Kolonisatoren ließen sich auch in anderen Teilen der Karibik nieder, somit sind auch in Puerto Rico und in der Dominikanischen Republik leicht unterschiedliche Versionen von Ropa Vieja zu finden.

BANDERA DOMENICANA – TRADITIONELLES MITTAGESSEN

8 Port.

2 Std.

Leicht

Zutaten

Für den Reis:
10 EL Pflanzenöl
3 TL Salz
8 Tassen Reis

Für die Bohnen:
4 Tassen trockene Bohnen (Pinto, Canberra oder rote Kidneybohnen)
2 EL Olivenöl
2 Oregano, trocken, gemahlen
2 Paprika, gehackt
2 kleine rote Zwiebeln, in vier Viertel geschnitten
4 Knoblauchzehen, zerdrückt
2 Tassen gewürfelter Auyama (Kabocha-Kürbis)
2 Tassen Tomatensauce
Blätter einer Selleriestange, gehackt
8 Zweige Thymian
1 TL gehackter, frischer Koriander
2 TL Salz

Für das Hähnchen:
4 Pfund Hähnchen, in kleine Stücke geschnitten
4 Limetten, halbiert
½ TL Oregano, trocken, gemahlen
2 kleine rote Zwiebeln, in feine Streifen oder Achtel geschnitten
1 Tasse gehackter Sellerie
2 TL Salz

1 Reis: Erhitzen Sie in einem mittelgroßen Aluminiumtopf (mind. 2,5 Liter Fassungsvermögen) 6 EL Öl bei mittlerer Hitze, fügen Sie das Salz hinzu. Wenn das Öl etwas heiß ist, fügen Sie zwölf Tassen Wasser hinzu, achten Sie darauf, dass es nicht spritzt. Wenn Sie einen anderen Topf verwenden, mischen Sie Öl, Salz und Wasser und erhitzen alles bei mittlerer Hitze. Wenn das Wasser den Siedepunkt erreicht, fügen Sie den Reis hinzu und kochen es, rühren Sie dabei regelmäßig um, damit er nicht am Boden kleben bleibt. Wenn das Wasser verdunstet ist, decken Sie ihn mit einem Deckel ab und kochen Sie ihn bei sehr schwacher Hitze 15 Minuten.

2 Nehmen Sie dann den Deckel ab, rühren Sie den Reis um, geben Sie das restliche Öl hinzu und decken Sie es wieder ab. Das Öl lässt den Reis glänzen und das Ganze wird knuspriger. Probieren Sie in weiteren fünf Minuten den Reis. Dieser sollte innen fest, aber weich sein. Bei Bedarf decken Sie den Reis nochmals zu und lassen ihn fünf Minuten bei schwacher Hitze gehen. Nun ist der Reis fertig.

3 Bohnen: Wenn Sie trockene Bohnen verwenden, weichen Sie diese über Nacht ein. Nehmen Sie die Bohnen aus dem Einweichwasser und kochen Sie sie im frischen Wasser, bis sie sehr weich sind (kann bis zu einer Stunde oder 20 Minuten in einem Schnellkochtopf dauern). Trennen Sie die Bohnen vom kochenden Wasser, stellen Sie dann beides beiseite.

4 Erhitzen Sie das Öl in einem Topf bei mittlerer Hitze. Geben Sie Oregano, Paprika, Zwiebel, Knoblauch, Auyama, Tomatensauce, Sellerie, Thymian und Koriander hinzu. Kochen Sie das Ganze eine halbe Minute und rühren Sie um. Geben Sie die Bohnen hinzu und lassen Sie alles zwei Minuten köcheln.

5 Gießen Sie acht Tassen von dem Wasser hinein, in dem die Bohnen gekocht wurden (füllen Sie ggf. mit frischem Wasser auf). Sobald es sprudelnd

1 TL pürierter Knoblauch
4 EL Pflanzenöl (Mais, Raps oder Erdnuss)
2 TL Zucker
4 Tassen Wasser
8 Eiertomaten, in Viertel geschnitten
½ Tassen entkernte grüne Oliven, halbiert
2 Tassen Tomatensauce
Bündel frische Korianderblätter
½ TL Pfeffer

Für den Salat:
4 Tomaten, gewürfelt oder in Scheiben geschnitten
1 Salat (oder ½ Kohl fein gehackt)
2 Gurken, geschnitten oder gewürfelt
2 Paprika, in dünne Streifen geschnitten
2 kleine rote Zwiebeln, in dünne Scheiben geschnitten
2 Rote Bete, gekocht und in Scheiben geschnitten
6 EL Fruchtessig
6 EL Olivenöl
2 TL Salz (oder mehr, nach Geschmack)

Nährwerte p. P.

1881 kcal
206 g Kohlenhydrate
87 g Fett
67 g Eiweiß

kocht, pürieren Sie die Bohnen mit einem Kartoffelstampfer leicht, um sie aus der Schale zu lösen und cremigere Bohnen zu erhalten. Kochen Sie das Ganze, bis eine cremige Konsistenz erreicht wird. Entfernen Sie die Zwiebelstücke und alle verstreuten Zweige oder große Kräuterstücke, wenn Sie frische Kräuter verwendet haben. Schmecken Sie mit Salz ab.

6 Hähnchen: Schneiden Sie das Hähnchen in kleine Stücke und geben Sie es in eine Schüssel mit Deckel. Würzen Sie die Hähnchenteile mit Limettensaft. Mischen Sie Hähnchen, Oregano, Zwiebel, Sellerie, Salz und Knoblauch. Marinieren Sie das Ganze 30 Minuten.

7 Erhitzen Sie das Öl in einem Topf bei mittlerer Hitze, fügen Sie Zucker hinzu und warten Sie, bis er braun wird. Fügen Sie dann das Hähnchen hinzu (halten Sie alle anderen Dinge in der Marinade für die Verwendung in einem späteren Schritt beiseite) und kochen und rühren Sie, bis das Fleisch hellbraun ist. Fügen Sie 4 EL Wasser hinzu. Decken Sie ab und lassen Sie bei mittlerer Hitze 15 Minuten köcheln. Rühren Sie um, fügen Sie esslöffelweise Wasser hinzu, wenn es nötig ist, um ein Anbrennen zu verhindern.

8 Rühren Sie das Gemüse, welches Sie beim Marinieren des Hähnchens beiseitegelegt hatten, die Tomaten, den Pfeffer und die Oliven ein. Decken Sie alles zu und lassen Sie es köcheln, bis das Gemüse gar ist. Fügen Sie das Wasser esslöffelweise hinzu und rühren Sie nach Bedarf um. Fügen Sie die Tomatensauce und eine halbe Tasse Wasser hinzu und lassen Sie alles bei schwacher Hitze köcheln, um eine helle Sauce zu erhalten. Geben Sie frischen Koriander hinzu. Schmecken Sie mit Salz ab.

9 Salat: Richten Sie das Gemüse einschließlich der Roten Bete auf einer Platte an. Mischen Sie Essig und Olivenöl in einer Schüssel. Fügen Sie nach Geschmack Salz hinzu und rühren Sie um. Gießen Sie die Vinaigrette über den Salat und schon ist dieser fertig!

Info: Mittagessen ist in der Dominikanischen Republik die wichtigste Mahlzeit des Tages. La Bandera ist das Flaggschiff der traditionellen dominikanischen Küche. Es ist auch bekannt als „la comida" oder „el almuerzo" und besteht aus Reis, Bohnen und Fleisch. La Bandera Dominicana Food ist die dreifarbige dominikanische Flagge, welche durch Essen repräsentiert wird. Das Rot wird durch die Bohnen repräsentiert, das Weiß durch Reis und das Fleisch (normalerweise Huhn oder Rind) repräsentiert die dritte Farbe.

KUBANISCHES HÜHNERFRIKASSEE

8 Port. 55 Min. Leicht

Zutaten

8 Hähnchenkeulen
4 Paprikaschoten (2 rote und 2 gelbe)
6 Zwiebeln
8 Knoblauchzehen
2 Dosen Tomaten
14 EL Olivenöl
Salz, Pfeffer
300 ml Geflügelbrühe
4 EL Mehl
2 TL Kümmel
2 Flaschen Bier, z. B. Corona
8 Strauchtomaten
300 g Erbsen (TK, aufgetaut)
2 TL Oregano, getrocknet
4 EL Zitronensaft
12 Stiele Basilikum
Zucker

Nährwerte p. P.

580 kcal
27 g Kohlenhydrate
32 g Fett
37 g Eiweiß

1 Lösen Sie die Haut von den Hähnchenkeulen ab und würfeln Sie das Fleisch ca. 1,5 cm groß. Putzen Sie die Paprika und würfeln Sie diese. Gießen Sie die Tomaten ab, fangen Sie den Saft auf. Hacken Sie die Tomaten sehr fein.

2 Heizen Sie den Backofen auf 220 °C vor (Ober-/Unterhitze). Breiten Sie die Hähnchenhaut auf einem Blech, welches Sie mit Backpapier ausgelegt haben, flach aus. Achten Sie darauf, dass die Haut nicht übereinander liegt, und salzen Sie diese. Bedecken Sie sie mit Backpapier und beschweren Sie das Ganze mit einem Blech. Rösten Sie sie im heißen Ofen auf mittlerer Schiene 20 Minuten. Nehmen Sie Blech und Backpapier ab und rösten Sie weitere fünf Minuten.

3 Erhitzen Sie 6 EL Öl in einem Bräter. Braten Sie die Paprikawürfel, geschnittene Zwiebeln und gehackten Knoblauch darin an. Geben Sie die Tomaten dazu und dünsten Sie diese mit. Salzen, pfeffern Sie alles und geben Sie den Dosentomatensaft und die Brühe hinzu. Lassen Sie alles offen bei milder Hitze zehn Minuten köcheln.

4 Bestäuben Sie das Fleisch mit Mehl und mischen Sie gut durch. Braten Sie das Ganze in zwei Portionen in je 4 EL heißem Öl in einer Pfanne bei mittlerer oder starker Hitze an. Würzen Sie jede Portion mit Salz, Pfeffer und je 1 TL Kümmel. Löschen Sie das gesamte Fleisch in der Pfanne mit Bier ab und lassen Sie alles offen zehn Minuten einkochen.

5 Putzen Sie die Strauchtomaten, würfeln Sie sie grob und zerkleinern Sie sie im Blitzhacker fein. Geben Sie sie nach zehn Minuten mit den Erbsen und Oregano in die Sauce und lassen Sie alles weitere fünf Minuten köcheln. Geben Sie das Fleisch und den Biersud zur Sauce und kochen Sie das Ganze kurz auf. Schmecken Sie mit Salz, Pfeffer, Zitronensaft und einer Prise Zucker ab und richten Sie mit Basilikum und Hähnchenhaut an.

Tipp: Zu diesem Gericht passt Reis. Die Reste vom Frikassee und Reis können Sie auch am Folgetag für ein weiteres Gericht verwenden: Mischen Sie Frikassee und Reis, füllen Sie das Ganze in ausgehöhlte Paprikaschoten und backen Sie alles im Ofen.

JUG JUG –

EINTOPF MIT KICHERERBSEN, FLEISCH UND KRÄUTERN

8 Port.

1 Tag

Leicht

Zutaten

1 kg Rindfleisch (gepökelt)
4 Tassen Kichererbsen
2 Tassen Maiskörner (aus der Dose)
4 Zwiebeln, gehackt
4 Chilis

Nach Belieben:
Thymian, Majoran, Butter, Salz

Nährwerte p. P.

139 kcal
4 g Kohlenhydrate
7 g Fett
11 g Eiweiß

1 Um das Fleisch zu entsalzen, weichen Sie es über Nacht in kaltem Wasser ein. Weichen Sie die Kichererbsen ebenfalls in kaltem Wasser über Nacht ein.

2 Schwemmen Sie das Fleisch am nächsten Tag unter fließendem kaltem Wasser ab, entfernen Sie das ganze Fett und würfeln Sie es. Geben Sie das Fleisch gemeinsam mit den Kichererbsen in einen Kochtopf, überdecken Sie das Ganze mit Wasser und lassen Sie es 30 Minuten köcheln.

3 Nehmen Sie das Fleisch und die Kichererbsen heraus, begießen Sie das Ganze mit etwas Kochwasser und stellen Sie es zur Seite. Nehmen Sie noch etwas von dem Wasser und schütten Sie den Rest weg.

4 Geben Sie die Maiskörner in den Kochtopf und dünsten Sie sie unter ständigem Rühren in ca. fünf Minuten auf kleiner Flamme. Geben Sie als Nächstes die Zwiebeln, das Fleisch, die Kichererbsen und die gehackten Chilis dazu und würzen Sie mit Thymian und Majoran. Würzen Sie mit Salz nach. Köcheln Sie das Ganze auf schwacher Flamme ca. 30 Minuten lang. Geben Sie vor dem Servieren noch etwas Butter darüber.

Info: Jug Jug ist ein traditionelles barbadisches Weihnachtsgericht, welches aus Kichererbsen (oder Traubenerbsen), Fleisch, Butter, Zwiebeln, Kräutern und Wasser besteht. Manchmal geben Einheimische auch Okras in das Gericht.

PERNIL –

GESCHMORTE SCHWEINESCHULTER

20 Port.

1 Tag

Leicht

Zutaten

8 - 10 Pfund Schweineschulter mit Knochen
1 Knoblauchknolle
1 EL Olivenöl
1 TL getrockneter Oregano
2 TL gemahlener schwarzer Pfeffer
2 EL Adobo
2 Päckchen Sazón (optional)

Nährwerte p. P.

1881 kcal
4 g Kohlenhydrate
7 g Fett
11 g Eiweiß

1 Spülen Sie das Fleisch in kaltem Wasser ab und tupfen Sie es trocken. Schneiden Sie mit einem Messer einen Schlitz über das ganze Fleisch, von oben nach unten.

2 Pürieren Sie die geschälte Knoblauchknolle, Olivenöl, Pfeffer und Oregano und füllen Sie jeden Schlitz mit 1 TL der Paste. Bestreuen Sie alle Seiten des Fleisches mit dem Adobo und Sazón und reiben Sie das Fleisch mit den Gewürzen gut ein. Geben Sie das Fleisch in eine Bratpfanne, bedecken Sie sie mit Folie und lagern Sie das Fleisch über Nacht im Kühlschrank.

3 Heizen Sie den Backofen am nächsten Tag auf 150 °C (Ober-/Unterhitze) vor. Geben Sie das Fleisch so wie es ist, ohne die Folie abzunehmen, 4 - 5 Stunden in den Ofen, ca. 30 - 45 Minuten pro Pfund. Das Fleisch sollte 180 °C auf einem internen Thermometer ablesen und zerzupfen Sie das Fleisch, beispielsweise mit einer Gabel.

4 Nehmen Sie nun die Folie ab und backen Sie es für weitere 15 - 20 Minuten, damit das Fett knusprig wird.

PINCHOS – FLEISCHSPIEẞE

3 Port.

1 Tag

Leicht

Zutaten

Für die Pinchos:
5 Paprika (bunt)
5 rote Zwiebeln
300 g Schweinerücken
5 Knoblauchzehen
1 Msp. Oregano
Nach Belieben:
Salz, Pfeffer, Öl, Salon Criollo, Rancher Supremo

Für die Guacamole:
3 reife Avocados
½ rote Zwiebel
½ Schalotte
3 Tomaten
2 Limetten
Salz, Pfeffer (nach Belieben)

Für die BBQ-Soße:
9 Rispen-Tomaten
½ Dose gegrillte Paprika
2 rote Zwiebeln
2 Schalotten
nach Belieben:
Salz, Pfeffer, Sazon Criollo, Salon Ranchero, Petersilie, Schnittlauch, Oregano, Honig

Nährwerte p. P.

732 kcal
0 g Kohlenhydrate
10 g Fett
20 g Eiweiß

1 Pinchos: Schälen Sie den Knoblauch, zerdrücken Sie ihn und geben Sie ihn in eine Schüssel. Vermengen Sie diesen dann mit Öl, Oregano und den karibischen Gewürzen. Spülen Sie das Fleisch ab, tupfen Sie es trocken und geben Sie es in die Marinade. Waschen Sie die Paprikaschoten, halbieren Sie sie und befreien Sie sie von Kernen und Strunk. Schneiden Sie sie dann in mundgerechte Stücke. Geben Sie die Paprikastücke zu den anderen Zutaten und vermischen Sie alles gut, sodass das Fleisch mit der Marinade bedeckt ist.

2 Lassen Sie das Fleisch über Nacht marinieren und spießen Sie es am nächsten Tag auf. Reihen Sie immer abwechselnd Fleisch, Paprika und die Zwiebeln auf den Spieß. Grillen Sie die Spieße dann ca. zehn Minuten, wenden Sie diese nach der Hälfte der Zeit.

3 Guacamole: Halbieren Sie die Avocados, entfernen Sie den Kern und hohlen Sie mit einem Löffel das Fruchtfleisch heraus. Zerdrücken Sie es grob in einer Schüssel und geben Sie 6 EL Limettensaft dazu, damit die Avocados nicht braun werden. Schneiden Sie die rote Zwiebel klein

4 Schneiden Sie die Tomaten und Schalotten klein und geben Sie sie mit in die große Schüssel. Hacken Sie den Knoblauch und die Petersilie und geben Sie beides ebenfalls in die Schüssel. Mengen Sie alles gut durch und stellen Sie es für drei Stunden in den Kühlschrank.

5 BBQ-Sauce: Mischen Sie alle Zutaten nach Geschmack zusammen.

Info: Pintxos ist in Karibik die Bezeichnung für kleine Häppchen, diese sind mit Zahnstochern auf einem kleinen Stück Brot aufgespießt. Sie werden normalerweise zu einem Getränk, zum Beispiel „Zurito“, was ein kleines Glas mit einem halben Rohrbier ist, gegessen. Sie werden aus allen Zutaten hergestellt, welche die Region Bizkaia hergibt und die zu einem Glas Wein oder Bier passen, somit stammt es ursprünglich aus Spanien.

JAMBALAYA –
KREOLISCHER EINTOPF

3 Port.

1 Std. 20 Min.

Leicht

Zutaten

2 Zwiebeln
6 Knoblauchzehen
2 gelbe Paprikaschoten
200 g Staudensellerie
8 Hähnchenunterkeulen (à 120 g)
4 EL Öl
300 g Chorizo (spanische Paprikawurst am Stück)
6 EL Tomatenmark
1600 ml Hühnerbrühe
4 TL kreolische Gewürzmischung (oder Barbecue-Gewürz)
2 Dosen Pizzatomaten
16 große Garnelen (ohne Kopf und Schale)
3 Tassen Langkornreis (ca. 225 g)
10 EL Orangensaft
4 EL Honig
Salz, Pfeffer

Nährwerte p. P.

653 kcal
58 g Kohlenhydrate
27 g Fett
47 g Eiweiß

1 Würfeln Sie die Zwiebeln grob und drücken Sie die Knoblauchzehen an. Putzen Sie den Staudensellerie und die Paprika und würfeln Sie beides grob. Würzen Sie die Keulen mit Salz und Pfeffer. Erhitzen Sie das Öl in einem großen Topf. Braten Sie die Keulen bei starker Hitze rundum goldbraun und nehmen Sie sie heraus.

2 Würfeln Sie die Chorizo grob, geben Sie diese in den Topf und braten Sie sie 2 – 3 Minuten. Nehmen Sie sie heraus. Geben Sie das Gemüse hinein und braten Sie es fünf Minuten, bis es goldbraun ist. Geben Sie Tomatenmark dazu und bräunen Sie dieses eine Minute unter Rühren. Löschen Sie mit 800 ml Hühnerbrühe ab. Geben Sie 3 - 4 TL kreolische Gewürzmischung oder Barbecue-Gewürz hinein und rühren Sie die Pizzatomaten unter.

3 Lassen Sie alles abgedeckt bei niedriger bis mittlerer Hitze zehn Minuten köcheln. Geben Sie die restliche Brühe dazu, rühren Sie um, bringen Sie alles zum Kochen, geben Sie Garnelen und Reis dazu und köcheln Sie das Ganze bei niedriger Hitze 15 Minuten. Rühren Sie um und garen Sie abgedeckt zehn Minuten weiter. Schmecken Sie mit Orangensaft und Honig ab und lassen Sie das Ganze zehn Minuten ziehen.

Info: Es gibt zwei Hauptkategorien von Jambalaya: Cajun und Kreolisch. Der Unterschied liegt in der Reihenfolge, in der die Zutaten gekocht werden und in der Verwendung von Tomaten. Kreolischer Jambalaya, welcher auch als „roter Jambalaya“ bekannt ist, enthält Tomaten. Das am meisten verwendete Fleisch in diesem Fall ist geräucherte Wurst und Huhn. Cajun Jambalaya hingegen enthält keine Tomaten und hat im Normalfall eine braune Farbe.

Hauptspeisen mit Fisch

JAMAIKANISCHER REIS MIT FISCH

4 Port.

1 Std.
20 Min.

Leicht

Zutaten

4 Zanderfilets
300 g Langkornreis
2 Dosen Kokosmilch
1 Dose Kidneybohnen
4 Chilischoten
4 Frühlingszwiebeln
4 Knoblauchzehen
1 Paprikaschote, grün
10 - 11 Okraschoten
2 Tomaten
2 Zwiebeln
4 Zweige frischer Thymian
10 - 11 Körner Piment
ca. 600 ml Wasser
Saft einer Zitrone

Nach Belieben:
Jerk Seasoning, Salz, Pfeffer, Mehl, Kokosöl

Nährwerte p. P.

179 kcal
15 g Kohlenhydrate
8 g Fett
10 g Eiweiß

1 Schneiden Sie die Zwiebeln, 2 Frühlingszwiebeln und zwei Chilischoten in Ringe. Geben Sie das Ganze zusammen mit den Zanderfilets, zwei gepressten Knoblauchzehen, 4 - 5 Pimentkörnen und zwei Zweigen frischem Thymian in eine Auflaufform. Beträufeln Sie alles mit dem Saft einer Zitrone, würzen Sie mit Salz, Pfeffer und Jerk Seasoning. Vermischen Sie alles gut und lassen Sie es eine Stunde marinieren.

2 Kochen Sie 600 ml Kokosmilch mit ca. 600 ml Wasser in einem Topf schaumig. Geben Sie zwei Frühlingszwiebeln (in 2 - 3 cm große Stücke geschnitten), 4 - 5 Körner Piment, zwei Knoblauchzehen (ganz), einen Zweig Thymian und zwei Chilischoten (ganz) dazu und würzen Sie mit Salz und Pfeffer.

3 Geben Sie den Reis in das köchelnde Kokosmilchwasser. Rühren Sie kurz um und lassen Sie alles erst bei mittlerer, dann bei niedriger Hitze kochen. Gießen Sie ca. nach der Hälfte der Kochzeit die Kidneybohnen ab und geben Sie diese zum Reis. Lassen Sie alles gut zusammen kochen, bis die Flüssigkeit vollständig vom Reis aufgesogen ist. Rühren Sie zwischendurch nicht mehr um.

4 Nehmen Sie in dieser Zeit den Fisch aus der Marinade und wälzen Sie diesen von beiden Seiten in Mehl, bis er vollständig mit Mehl bedeckt ist. Werfen Sie die Marinade nicht weg. Erhitzen Sie in einer Pfanne reichlich Öl, braten Sie darin den Fisch. Sparen Sie bitte nicht beim Öl, sonst backt Ihnen der Fisch beim Braten an. Während der Fisch brät, schneiden Sie die Zutaten für die Soße. Schneiden Sie die Paprikaschote, Okraschoten und Tomaten in Stücke.

5 Nehmen Sie den Fisch aus der Pfanne und lassen Sie ihn auf Küchenpapier abtropfen. Geben Sie die Paprika, Tomaten, Okraschoten und die Fischmarinade in das noch heiße Öl und braten Sie alles zusammen 2 - 3 Minuten weiter. Geben Sie 200 ml Kokosmilch dazu, schmecken Sie mit Salz, Pfeffer und Jerk Seasoning ab und lassen Sie alles einkochen. Sollte Ihnen am Anfang zu viel Öl in der Pfanne sein, gießen Sie einfach etwas davon ab, sodass die Soße am Ende nicht zu ölig wird. Wenn der Reis fertig ist, entfernen Sie die Chilischote, die Knoblauchzehen und die Thymianzweige. Nun ist das Ganze fertig.

Info: Jamaika Rice and Peas gilt als eines der bekanntesten Speisen der karibischen Küche und insbesondere in Jamaika gehört es zu einem der Nationalgerichte der Insel. Das Gericht wird sowohl Rice and Peas als auch Rice and Beats genannt. Ursprünglich wurde der Reis mit Erbsen gekocht, den sogenannten Traubenerbsen. Da jedoch Kidneybohnen in der Karibik einfacher zu bekommen sind, werden die Erbsen dadurch ersetzt. Auf Jamaika wird Rice and Peak traditionell zu einem Ziegeneintopf serviert, da man jedoch Ziege dort nicht alle Tage kocht, wird es auch zu allen möglichen anderen Gerichten als Beilage gegessen.

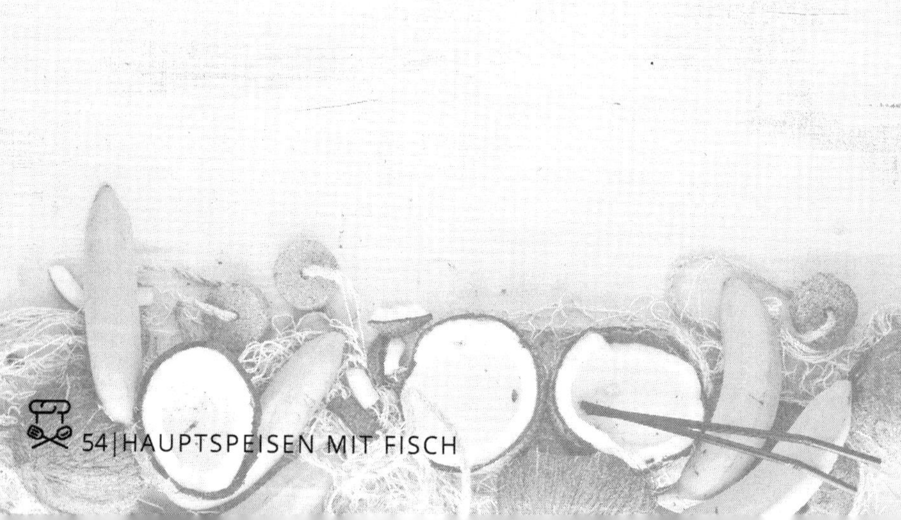

ACKEE AND SALTFISH –
ACKEE UND SALZFISCH

8 Port.

1 Std. 20 Min.

Leicht

Zutaten

800 g Salzfisch
2 Dosen Ackee
6 EL Erdnussöl
2 kleine Paprika, grün
2 kleine Paprika, gelb
2 rote Chilischoten (Habanero)
20 Cocktailtomaten
2 Zwiebeln
2 Limetten
6 Thymianzweige, frisch oder getrocknet
2 TL Piment
Salz, bunter Pfeffer (aus der Mühle)

Nährwerte p. P.

678 kcal
25 g Kohlenhydrate
8 g Fett
21 g Eiweiß

1 Lassen Sie den Salzfisch 24 - 36 Stunden in Wasser einweichen, wechseln Sie das Wasser alle paar Stunden.

2 Schneiden Sie die Zwiebeln in Ringe und dünsten Sie sie Zeit im Erdnussöl an, bis sie etwas glasig werden. Geben Sie dann den gehackten Thymian, Piment, die klein geschnittenen Paprika und die Habanero hinzu und dünsten Sie diese noch ein paar Minuten mit.

3 Befreien Sie den Fisch von den Gräten, waschen Sie ihn und schneiden Sie ihn in mundgerechte Stücke. Geben Sie diesen dann hinzu und dünsten Sie den Fisch mit, bis er fest wird.

4 Zum Schluss halbieren Sie die Cocktailtomaten und heben diese zusammen mit der abgetropften Ackee vorsichtig unter. Dünsten Sie nun nicht mehr zu lange, da die Ackee sonst matschig wird. Pfeffern und salzen Sie gegebenenfalls etwas nach. Garnieren Sie mit Limettenscheiben und eventuell einem Thymianzweiglein und servieren Sie sofort.

Info: In Jamaika sind weder Akee noch Salzkabeljau beheimatet, beide sind jedoch sehr eng mit der jamaikanischen Geschichte verwoben. Sowohl Ackee als auch Salzkabeljau kamen im 18. Jahrhundert nach Jamaika und beide haben Verbindungen zum Sklavenhandel. Akee kam Mitte des 18. Jahrhunderts auf einem Sklavenschiff aus Ghana. Hierbei handelt es sich um Fruchtbüschel eines Ackee-Baumes, welcher bis zu 15-23 m hoch wird. Die Frucht ähnelt großen roten Paprikaschoten.
Salzfisch kam ungefähr zur gleichen Zeit wie Ackee nach Jamaika, ebenfalls durch Sklavenhandel als billige Proteinquelle, die die Reise über den Atlantik überleben konnte. Diese Methode der Fischkonservierung ist in dem feuchten und heißen Klima in Jamaika sehr praktisch und hat die lokale Ernährung verändert.

FISCH AUF KUBANISCHE ART

8 Port.

2 Std. 35 Min.

Leicht

Zutaten

2 Prisen Bouillonpulver
4 Fleischtomaten
1200 g Kabeljaufilets
4 Knoblauchzehen, geschält und gehackt
300 ml Kokosmilch
4 EL Koriandergrün, gehackt
2 TL Korianderpulver
1 TL Kreuzkümmelpulver
2 Limetten (Saft)
4 EL Öl zum Anbraten
2 Orangen (Saft)
2 TL Paprikapulver
4 Peperonischoten
2 Prisen Salz, Pfeffer
4 Zwiebeln

Nährwerte p. P.

224 kcal
85 g Kohlenhydrate
4 g Fett
85 g Eiweiß

1 Vermischen Sie in einer Schüssel Kreuzkümmelpulver, Knoblauch, Limetten- und Orangensaft, Korianderpulver und Paprikapulver. Schneiden Sie den Fisch in mundgerechte Stücke und marinieren Sie diesen eine Stunde in der Marinade im Kühlschrank.

2 Schälen Sie nun die Zwiebeln und würfeln Sie diese mit den Peperoni und den Tomaten. Erhitzen Sie Öl in einer Pfanne und braten Sie die Zwiebeln darin an. Braten Sie danach die Peperoni und die Tomaten kurz mit. Gießen Sie das Ganze mit Kokosmilch auf und lassen Sie es zehn Minuten köcheln. Würzen Sie mit Salz, Pfeffer und Bouillonpulver.

3 Geben Sie den Fisch nun in die köchelnde Sauce und lassen Sie ihn 25 Minuten leicht köcheln. Bestreuen Sie alles mit gehacktem Koriander.

ARROZ CON PESCADO AL RON – KUBANISCHER REIS MIT FISCH UND RUM

4 Port.

1 Std. 20 Min.

Leicht

Zutaten

Für den Fisch:
600 g festen weißen Fisch (z. B. Lengfisch oder Papageienfisch)
Saft einer Zitrone
2 TL Salz
1 TL gemahlener Pfeffer
½ TL Oregano
1 TL Kreuzkümmel

Für den Reis:
300 g Reis
6 Knoblauchzehen
1 Zwiebel
2 TL Tomatenmark
150 ml Rum
800 ml Fischfond
400 g schwarze Bohnen
6 Nelken
4 Lorbeerblätter
Olivenöl (zum Braten)

Nährwerte p. P.

234 kcal
32 g Kohlenhydrate
1 g Fett
16 g Eiweiß

1 Weichen Sie den Reis in 400 ml Fond ein und lassen Sie das Ganze eine Stunde stehen.

2 Nehmen Sie danach einen Bräter, erhitzen Sie etwas Öl und dünsten Sie darin die gehackte Zwiebeln und den gehackten Knoblauch an, geben Sie dann den Fisch dazu. Braten Sie diesen und fügen Sie dann die Bohnen hinzu. Geben Sie danach alle weiteren Zutaten in den Bräter und köcheln Sie alles, bis der Reis weich ist.

PUERTO-RICANISCHER KABELJAU

 8 Port.

 1 Tag

 Leicht

Zutaten

2 kg Kabeljaufilet
8 - 9 EL Mehl
16 EL Öl
2 unbehandelte Zitronen
2 Gläser grüne Oliven (à 85 g Abtropfgewicht)
2 grüne Paprikaschoten
2 mittelgroße Zwiebeln
2 Knoblauchzehen
300 ml Weißweinessig
2 TL geschrotete Chili
16 kleine Lorbeerblätter
8 Gewürznelken
Saft von 2 Zitronen
Salz, Pfeffer

Nährwerte p. P.

480 kcal
14 g Kohlenhydrate
25 g Fett
25 g Eiweiß

1 Waschen Sie das Fischfilet und tupfen Sie es trocken. Beträufeln Sie es mit dem Saft der Zitronen und lassen Sie das Ganze ca. fünf Minuten ziehen. Tupfen Sie den Fisch etwas ab und schneiden Sie ihn in kleine Stücke. Würzen Sie mit Salz und Pfeffer. Wenden Sie die Fischstücke im Mehl.

2 Erhitzen Sie 8 EL Öl in einer beschichteten Pfanne. Braten Sie die Fischstücke darin rundherum an und anschließend noch ca. vier Minuten bei mittlerer Hitze zu Ende. Legen Sie sie anschließend in eine Form. Schneiden Sie für den Sud die Zitronen in Scheiben.

3 Lassen Sie die Oliven abtropfen und entkernen Sie sie. Putzen Sie die Paprika, waschen und würfeln Sie sie. Schneiden Sie die Zwiebeln in Ringe. Schälen Sie den Knoblauch und schneiden Sie diesen ebenfalls in dünne Scheiben. Geben Sie die Zitronenscheiben, Oliven, Paprika, Zwiebeln, Knoblauch, Essig und 200 ml Wasser in einen Topf.

4 Fügen Sie Chili, Lorbeerblätter und Nelken hinzu und lassen Sie alles ca. eine Minute aufkochen. Fügen Sie das restliche Öl hinzu. Übergießen Sie die Fischstücke mit der Marinade und lassen Sie das Ganze ca. 24 Stunden ziehen. Dazu schmeckt frisches Brot.

PESCADO FRITO CON SALSA DE COCO – FRITTIERTER FISCH MIT KOKOSSAUCE

8 Port.

1 Std. 20 Min.

Leicht

Zutaten

Für den Fisch:
8 Knoblauchzehen, zerdrückt
4 TL Salz
1 TL Oregano
½ TL Pfeffer
8 EL Zitronensaft
300 g weißer Fisch
Öl, Mehl (nach Belieben)

Für die Kokossauce:
2 Chilischoten, entkernt und fein gehackt
1 TL Lorbeergewürz
2 EL Petersilie, frisch gehackt
2 EL Koriander, fisch gehackt
4 EL Paradeismark
0,60 l Kokosmilch
Salz, Pfeffer

Nährwerte p. P.

239 kcal
7 g Kohlenhydrate
8 g Fett
31 g Eiweiß

1 Vermengen Sie Salz, Pfeffer, Knoblauch, Zitronensaft und Oregano und marinieren Sie den Fisch darin in einem Eiskasten eine Stunde lang. Nehmen Sie dann den Fisch heraus und bestäuben Sie diesen mit Mehl. Braten Sie diesen anschließend im heißen Öl, bis er braun wird. Das dauert in der Regel 2 - 3 Minuten auf jeder Seite. Nehmen Sie den Fisch heraus und stellen Sie ihn warm.

2 Bräunen Sie die Chilischoten im gleichen Öl, indem der Fisch gebraten wurde. Rühren Sie dann alle anderen Zutaten bis auf die Kokosmilch dazu. Gießen Sie nach zwei Minuten die Kokosmilch hinzu und würzen Sie mit Salz und Pfeffer. Zu diesem Gericht passt Reis.

GEGRILLTER RED SNAPPER

8 Port. 1 Tag Leicht

Zutaten

4 Roter Schnapper (Fischfilets)
2 TL Piment
1 TL Zimt
1 TL Chilipulver
2 EL Erdnussöl
2 Knoblauchzehen
2 TL Ingwer, gerieben
2 Orangen
Salz

Nährwerte p. P.

239 kcal
7 g Kohlenhydrate
8 g Fett
31 g Eiweiß

1 Reiben Sie den Knoblauch fein. Stellen Sie aus Knoblauch, Ingwer, Piment, Zimt, Chilipulver, Salz und dem Erdnussöl eine Marinade her. Reiben Sie den Fisch damit von beiden Seiten gut ein. In den Bauch geben Sie die in Scheiben geschnittenen Orangenscheiben. Wenn Sie möchten, können Sie den Fisch auch mit etwas Limettensaft würzen.

2 Nun können Sie den Fisch auf den Rost legen. Hierbei ist es wichtig, dass es nicht zu heiß ist, sonst wird der Fisch trocken. Die Garzeit liegt hier bei ungefähr 15 Minuten, wenden Sie dabei nach sieben Minuten ungefähr. Außerdem können Sie den Fisch von Zeit zu Zeit mit etwas Olivenöl bestreichen.

JERK FISH –

FISCH AUF JAMAIKANISCHE ART

8 Port.

1 Std. 50 Min.

Leicht

Zutaten

8 ganze Seebrassen oder Rotbarbe, geputzt

Für die Marinade:
2 EL Pimentbeeren
2 EL schwarze Pfefferkörner
4 Lorbeerblätter
2 Prisen gemahlene Nelken
1 EL Muscovado-Zucker
4 EL Honig
2 EL Thymian
ein paar Zweige frischer Koriander
6 cm frischer Ingwer
4 Frühlingszwiebeln
4 Chilis
2 Limetten
4 EL goldener Rum (optional)
Salz
Olivenöl (nach Belieben)

Für die Salsa:
6 frische Maiskolben
2 reife Mangos
6 Frühlingszwiebeln
1 Bündel frischer Koriander
4 reife Tomaten
4 Limetten
Olivenöl

Nährwerte p. P.

515 kcal
36 g Kohlenhydrate
13 g Fett
57 g Eiweiß

1 Legen Sie die Fische auf eine flache Ofenschale, machen Sie drei schräge Striche in das Fleisch von jedem Fisch und legen Sie diesen beiseite.

2 Schlagen Sie die Pimentbeeren, Pfefferkörner und Lorbeerblätter in einem Stößel, bis sie fein sind. Mischen Sie die Nelken, Zucker und Honig ein.

3 Hacken Sie die Thymian- und Korianderblätter. Schälen Sie den Ingwer und Knoblauch und hacken Sie diese zusammen mit den Chilischoten fein. Fügen Sie die gehackten Kräuter, die Chilischoten, Knoblauch und Ingwer zur Marinade hinzu, mischen Sie alles zusammen und geben Sie das Ganze dann in einen Krug.

4 Schneiden Sie die Frühlingszwiebeln fein in Scheiben und fügen Sie die gehackten grünen Spitzen zum Krug hinzu. Reiben Sie die Limettenschale ein und fügen Sie einen Schuss Öl, eine Prise Salz und den Rum hinzu. Vermischen Sie alles gut. Gießen Sie die Marinade über den Fisch und massieren Sie diese ein. Lassen Sie diesen dann eine Stunde im Kühlschrank marinieren.

5 Bereiten Sie in dieser Zeit die Salsa hinzu. Erhitzen Sie dafür eine Bratpfanne und braten Sie darin die Maiskolben 5 - 10 Minuten lang, drehen Sie sie alle 2 - 3 Minuten, bis der Mais gleichmäßig verkohlt ist. Legen Sie sie beiseite, bis sie etwas abgekühlt sind.

6 Schälen und hacken Sie die Mango, schneiden Sie die Frühlingszwiebeln fein in Scheiben und geben Sie beides in eine Schüssel. Hacken Sie den Koriander und die Tomaten und geben Sie sie ebenfalls in die Schüssel. Entfernen Sie die Maiskörner vorsichtig mit einem scharfen Messer aus der Schale und geben Sie sie ebenfalls in die Schüssel. Würzen Sie das Ganze nach Geschmack, drücken Sie den Saft der Limetten hinein und beträufeln Sie alles mit Olivenöl.

7 Heizen Sie den Backofen auf 220 °C (Ober-/Unterhitze) vor. Stellen Sie den Fisch dann hinein und backen Sie diesen 15 - 20 Minuten, bis dieser leicht verkohlt und gekocht ist. Servieren Sie den Fisch ganz mit der Salsa.

GEBACKENER ROTER SCHNAPPER

8 Port. 55 Min. Leicht

Zutaten

2 kg Red Snapper
2 mittelgroße Zitronen
2 Bund Petersilie
8 Knoblauchzehen
60 ml Olivenöl
2 Prisen Salz
2 Prisen schwarzer Pfeffer
Olivenöl (zum Bestreichen)

Nährwerte p. P.

385 kcal
2 g Kohlenhydrate
18 g Fett
51 g Eiweiß

1 Heizen Sie den Backofen auf 200 °C Ober-/ Unterhitze vor.

2 Der Fisch sollte schuppenfrei und gut gesäubert sein, bevor Sie diesen zubereiten. Würzen Sie diesen dann auf der Innen- und Außenseite mit Salz und Pfeffer. Füllen Sie den Bauch mit Petersilie, Zitrone und Knoblauch.

3 Begießen Sie ein beschichtetes Backblech mit 60 ml Olivenöl. Legen Sie den Fisch darauf und bestreichen Sie diesen noch mit etwas Olivenöl. Backen Sie den Fisch, bis das Fleischthermometer 55 °C anzeigt. Geben Sie das Thermometer dafür an die dickste Stelle des Fisches, in der Nähe des Kopfes. Für jedes Pfund Gewicht müssten es ungefähr zehn Minuten Backzeit sein, bei dem 2 kg Red Snapper müssten dies dementsprechend 40 Minuten sein.

4 Filetieren Sie nach dem Backen den Fisch: Ziehen Sie dafür die Haut ab und lösen Sie das Fleisch mit einem langen und schmalen Messer waagerecht vom Kopf bis runter zur Schwanzflosse ab. Verteilen Sie das Fleisch auf acht Teller und beträufeln Sie es mit dem restlichen Olivenöl vom Backblech.

Vegetarische Hauptspeisen

KUBANISCHER EINTOPF

4 Port. 20 Min. Leicht

Zutaten

2 große Zwiebeln
2 Paprikaschoten
2 Tomaten
2 Knoblauchzehen
2 Dosen Kidneybohnen
4 Tassen Reis (Langkornreis)
Wasser
Salz, Pfeffer, Currypulver

Nährwerte p. P.

656 kcal
134 g Kohlenhydrate
1 g Fett
22 g Eiweiß

1 Würfeln Sie die Paprika und die Zwiebeln klein. Blanchieren Sie die Tomaten kurz in kochendem Wasser, ziehen Sie die Schale ab, entkernen Sie sie und würfeln Sie sie ebenfalls. Rösten Sie die Zwiebeln in einer Pfanne goldbraun. Geben Sie die Tomaten- und Paprikawürfel dazu und dünsten Sie diese kurz an. Geben Sie die gepressten oder gehackten Knoblauchzehen hinzu.

2 Gießen Sie die Flüssigkeit aus der Dose und geben Sie die Bohnen mit dem Reis in die Pfanne und löschen Sie mit sechs Tassen Wasser ab. Würzen Sie mit Salz, Pfeffer und Currypulver. Lassen Sie alles ca. 20 Minuten garen, bis das Wasser vollständig weg ist.

Tipp: Wenn Sie es eilig haben, können Sie auch eine Packung Express-Mikrowellenreis benutzen. Stellen Sie diese einfach zwei Minuten in die Mikrowelle, geben Sie den Reis dann mit den Bohnen zu den restlichen Zutaten in die Pfanne, würzen Sie und rühren Sie um. Das Gemüse bleibt sogar durch die kürzere Garzeit knackiger.

KUBANISCHE QUINOABOWL

 4 Port.

 35 Min.

 Leicht

Zutaten

200 g Quinoa
2 Süßkartoffeln
2 TL Zimt, gemahlen
10 g Koriander
10 g Petersilie
300 g Kirschtomaten
2 Frühlingszwiebeln
1 Limette
1 Dose schwarze Bohnen
100 g Rucola
200 g Sauerrahm
Salz, Pfeffer
Olivenöl

Nährwerte p. P.

619 kcal
86 g Kohlenhydrate
21 g Fett
17 g Eiweiß

1 Waschen Sie das Gemüse und die Kräuter ab. Erhitzen Sie 500 ml Wasser in einem Wasserkocher. Heizen Sie den Backofen auf 220 °C Ober-/Unterhitze vor.

2 Geben Sie die Quinoa in ein Sieb und spülen Sie sie mit kaltem Wasser ab. Machen Sie es so lange, bis das Wasser klar durchfließt. Füllen Sie einen kleinen Topf mit 500 ml Wasser, salzen Sie dieses leicht und lassen Sie es einmal aufkochen. Geben Sie die Quinoa hinzu und lassen Sie diese mit aufgesetztem Deckel bei niedriger Hitze ca. 15 Minuten weiterköcheln. Nehmen Sie anschließend den Topf vom Herd und lassen Sie das Ganze mindestens zehn Minuten abgedeckt quellen.

3 Schälen Sie die Süßkartoffeln und schneiden Sie diese in ca. 1 cm große Würfel. Verteilen Sie sie auf einem mit Backpapier belegtem Backblech und vermischen Sie diese mit Zimt, 2 EL Olivenöl, etwas Salz und Pfeffer. Backen Sie diese auf der mittleren Schiene im Backofen 15 - 20 Minuten, bis die Süßkartoffelwürfel weich sind.

4 Zupfen Sie die Blätter von Koriander und Petersilie ab und hacken Sie diese getrennt voneinander fein. Halbieren Sie die Kirschtomaten. Schneiden Sie die Frühlingszwiebeln in Ringe. Halbieren Sie die Limette, pressen Sie den Saft von einer halben Limette aus. Gießen Sie die schwarzen Bohnen in ein Sieb ab und spülen Sie sie so lange mit kaltem Wasser ab, bis dieses klar hindurchfließt. Geben Sie sie dann ca. fünf Minuten vor Ende der Garzeit getrennt zu den Süßkartoffeln in den Backofen.

5 Verrühren Sie in einer großen Schüssel 2 EL Olivenöl, 2 EL Limettensaft, etwas Salz und Pfeffer zu einem Dressing. Geben Sie den Rucola dazu und mischen Sie diesen gut unter. Verrühren Sie in einer kleinen Schüssel Sauerrahm mit gehacktem Koriander, etwas Salz und Pfeffer.

6 Mischen Sie die Petersilie mit dem Quinoa und verteilen Sie diesen auf Schüsseln. Richten Sie die Süßkartoffelwürfel, schwarze Bohnen, Rucolasalat und Tomatenhälften darauf, beträufeln Sie mit dem Koriander-Dip, geben Sie außerdem die Frühlingszwiebeln darauf.

KUBANISCHER SÜẞKARTOFFELAUFLAUF

8 Port.

35 Min.

Leicht

Zutaten

1 kg Süßkartoffeln
400 g Zucchini
200 g Maiskörner, gegart
40 g Ingwerwurzel
300 ml Sojamilch, flüssig
4 EL Kokosraspeln
2 EL Öl
2 Lauchzwiebeln
60 g Käse, gerieben und mild (zum Überbacken)
2 kleine, frische Kokosnüsse
2 EL Mandeln, gehobelt
2 Msp. Muskatblüte, gemahlen
etwas Salz, Pfeffer
80 g Mehl
80 g Butter
Wasser

Nährwerte p. P.

468 kcal
10 g Kohlenhydrate
4 g Fett
2 g Eiweiß

1 Waschen, schälen und schneiden Sie die Süßkartoffeln in dünne Scheiben. Waschen Sie die Zucchini und schneiden Sie sie in etwa gleich dünne Scheiben. Lassen Sie die Maiskörner abtropfen. Putzen Sie die Lauchzwiebeln und schneiden Sie diese in Ringe. Würfeln Sie den Ingwer.

2 Schmelzen Sie die Butter, geben Sie das Mehl dazu und lassen Sie das Ganze unter Rühren anschwitzen. Löschen Sie mit kalter Sojamilch ab. Geben Sie 200 ml Wasser, Ingwer und Kokosraspeln dazu und schmecken Sie mit Salz, Pfeffer und gemahlener Muskatblüte ab. Geben Sie die Süßkartoffelscheiben dazu und lassen Sie diese bei kleiner Hitze drei Minuten durchkochen. Rühren Sie ab und zu um. Heizen Sie den Ofen auf 200 °C Umluft vor.

3 Buttern Sie eine flache, größere Auflaufform aus. Bedecken Sie den Boden mit der Sauce. Schichten Sie die Süßkartoffelscheiben-Soße, Zucchinischeiben und Lauchringen dachziegelartig geordnet in eine Lage ein. Streuen Sie die Maiskörner über das Gemüse, bedecken Sie alles mit der Sauce. Bestreuen Sie den Auflauf mit Käse. Backen Sie das Ganze im Ofen 25 Minuten.

4 Stechen Sie die Kernpunkte an der Rückseite der Kokosnuss an, schütteln Sie die Kokosmilch aus und fangen Sie sie auf. Öffnen Sie die Frucht (schlagen Sie mit einem Hammer darauf) und trennen Sie die Nuss von der Schale. Schneiden Sie mit einem Sparschäler Streifen herunter. Garnieren Sie den Auflauf mit den Flocken und mit den gehobelten Mandeln.

VEGETARISCHE PAELLA

8 Port.

45 Min.

Mittel

Zutaten

200 g Oliven
700 g Cherrytomaten
4 Knoblauchzehen
4 Frühlingszwiebeln
2 Zwiebeln (rot)
4 Paprika (rot)
2 Zucchini
2 Auberginen
500 g Reis
4 Zitronen
1 TL Safran
200 ml Weißwein
600 ml Gemüsebrühe
600 g Erbsen
Etwas Öl
Salz, Pfeffer

Nährwerte p. P.

448 kcal
69 g Kohlenhydrate
7 g Fett
15 g Eiweiß

1 Gießen Sie die Oliven ab. Halbieren Sie die Cherrytomaten, hacken Sie den Knoblauch und schneiden Sie die Frühlingszwiebeln in feine Ringe. Schneiden Sie die Zwiebeln, Paprika, Zucchini und Auberginen in walnussgroße Stücke.

2 Nehmen Sie eine Pfanne, geben Sie das Öl hinein und braten Sie darin den Knoblauch, Zwiebeln, Paprika, Zucchini und Auberginen bei mittlerer Hitze ca. 4 - 6 Minuten an. Geben Sie den Reis in die Pfanne und rühren Sie diesen gut um. Braten Sie ihn für weitere 1 - 2 Minuten an.

3 Filetieren Sie die Zitronen. Geben Sie Safran in die Pfanne und rühren Sie gut um, um alles zu vermengen. Braten Sie für weitere 1 - 2 Minuten.

4 Löschen Sie mit dem Weißwein ab. Geben Sie die Gemüsebrühe hinzu, bis alle Zutaten mit Flüssigkeit bedeckt sind. Würzen Sie nach Geschmack mit Salz und Pfeffer. Lassen Sie alles aufkochen, reduzieren Sie dann auf ein Köcheln und lassen Sie das Ganze ca. 15 - 20 Minuten köcheln, bis der Reis bissfest ist. Rühren Sie gelegentlich um. Heben Sie vorsichtig die Zitronenfilets, Tomaten, Oliven, Frühlingszwiebeln und Erbsen unter. Braten Sie für weitere 5 – 6 Minuten weiter und fertig ist die Paella!

ARROZ CONGRÍ –
SCHWARZER REIS MIT BOHNEN

12 Port. | 1 Tag | Leicht

Zutaten

6 Knoblauchzehen
1 TL Kreuzkümmel
600 g Langkornreis
6 Lorbeerblätter
3 EL Öl
3 EL Oregano, getrocknet
6 Peperoni, grün
2 Prisen Salz und Pfeffer
440 g schwarze Bohnen, getrocknet
400 g Tomaten aus der Dose
900 ml Wasser
2 Prisen Zucker
3 Zwiebeln

Nährwerte p. P.

309 kcal
50 g Kohlenhydrate
2 g Fett
20 g Eiweiß

1 Bedecken Sie in einer großen Schüssel die Bohnen mit Wasser und lassen Sie diese 25 Stunden ziehen.

2 Kochen Sie am nächsten Tag die Bohnen in einem Topf zwei Stunden weich. Das Wasser sollte die Bohnen ca. 5 cm überdecken. Wenn die Bohnen weich geworden sind, lassen Sie diese abtropfen.

3 Waschen Sie nun den Reis im Sieb unter fließendem Wasser und lassen Sie ihn abtropfen. Schälen Sie die Zwiebeln und den Knoblauch und würfeln Sie diese zusammen mit den Peperoni klein.

4 Erhitzen Sie nun in einem Topf das Öl, dünsten Sie darin die Zwiebel an und braten Sie dann den Knoblauch mit an, rühren Sie um. Fügen Sie danach die Peperonistücke hinzu und braten Sie sie ebenfalls kurz mit. Geben Sie den Reis, die Dosentomaten, die Bohnen und die Lorbeerblätter in den Topf und gießen Sie diesen mit 900 ml Wasser an.

5 Würzen Sie das Ganze mit dem Kreuzkümmel, Oregano und zwei Prisen Zucker und lassen Sie es aufkochen. Lassen Sie alles zugedeckt bei schwacher Hitze ca. 25 Minuten leicht köcheln, rühren Sie gelegentlich um. Schmecken Sie kurz vor Ende der Kochzeit mit Salz und Pfeffer ab.

Info: Das kubanische Essen machen meistens Fleisch und Fisch aus. Es gibt jedoch trotzdem ein paar vegetarische Gerichte, dazu gehört das „Arroz Congrí“. Die genaue Zubereitung variiert hier. Manchmal bereitet man es mit roten und manchmal mit schwarzen Bohnen zu, diese werden jedoch immer besonders weich gekocht. Dazu gibt es Zwiebeln, Reis und Paprika, oft auch Knoblauch und weitere Gewürze.

ARROZ Y HABICHUELAS –
REIS MIT ROSA BOHNEN

8 Port.

20 Min.

Leicht

Zutaten

2 Dosen Bohnen, rot
2 Zwiebeln
2 TL Tomatenmark
2 TL Zucker, braunen oder weißen
2 Knoblauchzehen

Für den Reis:
1 Tasse Reis
2 Zwiebeln
2 Tassen Wasser
1 Würfel Hühnerbrühe
Öl (nach Belieben)

Nährwerte p. P.

388 kcal
68 g Kohlenhydrate
27 g Fett
15 g Eiweiß

1 Pürieren Sie eine Dose Bohnen mit der Flüssigkeit. Dünsten Sie Zucker mit den kleingeschnittenen Zwiebeln und Knoblauch an. Gießen Sie mit der pürierten Soße auf und fügen Sie die restlichen Bohnen hinzu. Kochen Sie das Ganze ca. zehn Minuten auf kleiner Flamme.

2 Reis: Dünsten Sie die kleingeschnittenen Zwiebeln mit dem Reis an und gießen Sie mit der Hühnerbrühe auf. Kochen Sie den Reis zugedeckt ca. 15 Minuten und lassen Sie diesen ca. zehn Minuten ziehen, bis die Flüssigkeit aufgesaugt ist.

PHOLOURIE –
FRITTIERTER ERBSENTEIG

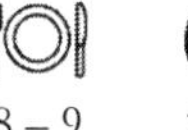
8 – 9 Port.

2 Std. 40 Min.

Leicht

Zutaten

2 - 3 EL Koriander
2 EL Petersilie
1 TL scharfe Soße Ihrer Wahl
4 - 5 EL Zwiebeln, gehackt
6 - 7 Knoblauchzehen
4 Tassen Mehl
1 Tasse Erbsenpulver
4 TL Hefe
1 TL Kreuzkümmelgewürz
1 TL Kurkuma
1 TL Currypulver
2 TL (oder mehr) Salz
4 TL Zucker
2 Tassen warmes Wasser (oder mehr)
Öl

Nährwerte p. P.

388 kcal
68 g Kohlenhydrate
27 g Fett
15 g Eiweiß

1 Pürieren Sie Koriander, Petersilie, Knoblauch und Zwiebeln.

2 Vermischen Sie in einer Schüssel alle Zutaten außer dem Wasser: Mehl, Hefe, Salz, Zucker, Erbsenpulver, Kreuzkümmel, Curry, Kurkuma und die Zwiebelmischung. Fügen Sie dann nach und nach warmes Wasser hinzu, bis Sie die gewünschte Konsistenz erreicht haben – diese sollte wie dicker Pfannenkuchenteig sein. Mischen Sie am besten mit den Händen gründlich.

3 Stellen Sie die Mischung an einen warmen Ort und lassen Sie sie aufgehen, bis sich diese verdoppelt. Das dauert in der Regel 1 - 2 Stunden.

4 Gießen Sie dann etwas Pflanzenöl in eine große Pfanne, bis es etwa fünf Zentimeter hoch ist und stellen Sie den Herd auf mittlere Hitze. Erhitzen Sie das Öl auf etwa 375 °C.

5 Formen Sie aus dem Teig mehrere kleine Kügelchen und geben Sie diese in das Öl, bis sie goldbraun werden. Legen Sie die fertigen Kügelchen auf Küchenpapier und fertig sind sie.

SÜẞKARTOFFELSUPPE AUF KARIBISCHE ART

 12 Port.

 20 Min.

 Leicht

Zutaten

4 Süßkartoffeln
4 Möhren
6 Tomaten
4 rote Paprika
4 rote Zwiebeln
6 EL Olivenöl
8 cm Ingwer
2 TL geräucherter Paprikapulver
4 TL gemahlener Cumin
800 ml Kokosmilch
2 Lorbeerblätter
etwas Salz, Pfeffer
frischer Koriander (zum Garnieren)
Wasser

Nährwerte p. P.

156 kcal
6 g Kohlenhydrate
0 g Fett
0 g Eiweiß

1 Schälen Sie die Süßkartoffeln und schneiden Sie sie in 5 cm große Stücke. Schälen Sie die Möhren und schneiden Sie diese in 4 cm große Stücke. Halbieren Sie die Tomaten. Schneiden Sie die Paprika in grobe Stücke. Schälen und vierteln Sie die Zwiebeln. Verteilen Sie das Gemüse auf einem Backblech, vermengen Sie es mit dem Öl und backen Sie es im vorgeheizten Backofen bei 200 °C (Ober-/Unterhitze) ca. 40 Minuten, bis es gar ist. Wenden Sie nach der Hälfte der Backzeit einmal.

2 Nehmen Sie das Gemüse aus dem Ofen, lassen Sie es abkühlen und ziehen Sie die Haut von den Tomaten ab. Schneiden Sie das Gemüse etwas kleiner, geben Sie es in einen großen Topf und gießen Sie es mit ca. 1600 ml Wasser auf.

3 Schälen Sie den Ingwer, hacken Sie diesen fein und geben Sie ihn mit den Gewürzen (außer den Lorbeerblättern) und der Kokosmilch in den Topf. Verrühren Sie alles gut. Pürieren Sie das Ganze mit einem Pürierstab je nach Belieben sämig oder stückig. Geben Sie die Lorbeerblätter dazu und kochen Sie die Suppe auf. Lassen Sie sie dann bei niedriger Temperatur ca. 20 Minuten köcheln.

4 Verteilen Sie die Suppe auf Tellern, garnieren Sie mit den Korianderblättern und stäuben Sie nach Belieben noch etwas geräuchertes Paprikapulver darüber.

KARIBISCHES OKRA-PAPAYA-CURRY

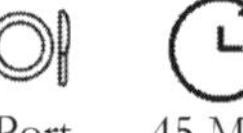

4 Port. 45 Min. Leicht

Zutaten

800 g Okra (Gemüse)
2 Papaya, reif
2 EL Olivenöl
2 Zwiebeln
1 gemahlener Koriander
1 TL Jamaika-Curry
3 EL Zitronensaft
6 - 7 EL Wasser
Salz, Pfeffer

Nährwerte p. P.

156 kcal
6 g Kohlenhydrate
0 g Fett
0 g Eiweiß

1 Waschen Sie die Okra und schneiden Sie diese in ca. 2 cm lange Stücke. Legen Sie die Stücke für 30 Minuten in Wasser ein und mischen Sie dabei den Saft einer Zitrone ins Wasser.

2 Pellen und würfeln Sie die Zwiebeln in der Zwischenzeit. Schälen Sie die Papaya mit dem Sparschäler. Halbieren Sie sie und kratzen Sie mit einem Löffel die Kerne heraus. Schneiden Sie das Fruchtfleisch in 1 x 1 cm große Würfel. Gießen Sie die Okra ab und lassen Sie diese gut abtropfen.

3 Stellen Sie eine hohe Pfanne bei mittlerer Hitze auf den Herd und geben Sie das Olivenöl und die Zwiebel hinein. Braten Sie diese 4 - 5 Minuten an. Fügen Sie den gemahlenen Koriander und das Currypulver hinzu und lassen Sie kurz die Aromen entfalten. Geben Sie die Papaya hinzu und kochen Sie das Ganze auf. Zerdrücken Sie einige Papaya-Stückchen leicht.

4 Geben Sie nun die abgetropften Okra-Stücke, 2 EL Zitronensaft und das Wasser hinzu. Bringen Sie alles zum Kochen und lassen Sie es abgedeckt ca. 5 - 6 Minuten leicht köcheln, bis die Okra-Schoten weich sind. Schmecken Sie mit Salz und Pfeffer ab. Geben Sie, wenn nötig, noch etwas Wasser dazu.

Info: Dieses Gericht wird mit Reis oder Quinoa serviert. Papaya stammt ursprünglich aus Mittelamerika. Nun wird sie in tropischen Regionen der Welt wie der Karibik und Asien angebaut.

KOCHBANANENGRATIN

8 Port.

35 Min.

Leicht

Zutaten

2 kg ganz reife Bananen
40 g Butter, plus Butter zum Einfetten der Form
50 g Mehl
1000 ml Milch
2 Prisen gemahlener Zimt
optional: 2 TL Colombo-Gewürz
Salz, Pfeffer (frisch gemahlen)
100 g geriebener Emmentaler

Nährwerte p. P.

606 kcal
60 g Kohlenhydrate
35 g Fett
5 g Eiweiß

1 Schälen Sie die Bananen, schneiden Sie sie in dünne Scheiben und stellen Sie diese beiseite. Heizen Sie den Backofen auf 180 °C (Ober-/Unterhitze) vor.

2 Bereiten Sie eine Béchamelsauce zu: Schäumen Sie dafür die Butter und das Mehl kurz in einem Topf auf und schwitzen Sie das Ganze unter Rühren an. Gießen Sie die Milch zu und bringen Sie alles unter ständigem Rühren zum Kochen, bis das Mehl gebunden hat. Würzen Sie die Soße dann mit Salz, Pfeffer, Zimt und optional Colombo-Gewürz.

3 Legen Sie in eine mit Butter eingefettete Auflaufform die Bananenscheiben schichtweise ein und gießen Sie die Béchamelsauce über. Achten Sie darauf, dass die Sauce sämtliche Schichten der Bananenscheiben gut durchdringt. Bestreuen Sie das Ganze mit dem Käse und backen Sie es im Ofen 20 - 25 Minuten goldgelb.

Vegane Hauptspeisen

JAMAIKANISCHER EINTOPF

6 Port.

35 Min.

Leicht

Zutaten

6 mittelgroße Kartoffeln, festkochend
2 Süßkartoffeln
4 kleine Karotten
2 Paprikaschoten, grün
2 Tomaten
2 Zwiebeln
4 Frühlingszwiebeln
2 Knoblauchzehen
2 Chilischoten (Habanero oder Scotch Bonnet)
2 Dosen Kokosmilch
2 - 3 Zweige frischer Thymian
6 - 7 Körner Piment
Jerk Seasoning (nach Belieben)
ca. 1200 ml Wasser
Kurkuma oder gelbes Currypulver (nach Belieben)
120 g Weizenmehl
20 g Maisgrieß
Salz, Pfeffer

Nährwerte p. P.

403 kcal
40 g Kohlenhydrate
20 g Fett
8 g Eiweiß

1 Geben Sie die Kokosmilch und 800 - 1200 ml Wasser in einen großen Topf und kochen Sie das Ganze auf, bis die Flüssigkeit beginnt zu schäumen. Die Menge des Wassers hängt davon ab, wie cremig Sie den Eintopf haben möchten. Wenn Sie es flüssiger haben wollen, dann müssen Sie mehr Wasser hinzugeben. Lassen Sie die Flüssigkeit ca. 10 - 25 Minuten einkochen.

2 Schälen Sie währenddessen die Kartoffeln und Süßkartoffeln und schneiden Sie sie in mundgerechte Stücke. Schälen Sie die Karotten und schneiden Sie sie in Scheiben. Waschen Sie die Paprikaschoten, entkernen Sie sie und schneiden Sie sie in mundgerechte Streifen. Schneiden Sie die Zwiebeln, Frühlingszwiebeln in Ringe, stückeln Sie den Knoblauch.

3 Geben Sie ca. 120 g Mehl mit ca. 20 g Maisgrieß in eine Schüssel. Geben Sie einen Schluck Wasser dazu und kneten Sie das Ganze mit den Händen, bis ein fester, klebriger Teig entsteht. Geben Sie bei Bedarf einfach noch etwas Wasser dazu. Formen Sie aus dem Teig ca. zwölf Dumplings (kleine Teigklopse).

4 Geben Sie Kartoffeln, Süßkartoffeln und Dumplings in das köchelnde Kokoswasser. Geben Sie Salz, die Chilischoten als Ganzes, Thymianzweige und Pimentkörner dazu und kochen Sie das alles mit. Geben Sie nach 2 - 3 Minuten die Karotten, Zwiebeln und Knoblauch dazu, weitere 2 - 3 Minuten später die Paprika, Okraschoten und Frühlingszwiebeln.

5 Würzen Sie mit Kurkuma oder gelbem Currypulver, etwas Jerk Seasoning und gegebenenfalls Pfeffer und kochen Sie das Ganze ca. zehn Minuten weiter, bis das Gemüse und die Dumplings gar sind. Wenn Ihnen der Eintopf nicht cremig genug ist, können Sie das Ganze mit Mehlschwitze etwas andicken. Wenn Sie es flüssiger haben möchten, geben Sie etwas Wasser dazu.

6 Würfeln Sie die Tomaten und geben Sie sie kurz vor Ende der Kochzeit in den Eintopf. Entfernen Sie die Thymianzweige und Chilischoten und servieren Sie.

Tipp: In Jamaika nennt man dieses Gericht „One Can" (= Ein-Topf). Hier kommt alles an landestypischem Gemüse hinein und als Sättigungseinlage macht man einfache Dumplings.

CALLALO – SCHMORGERICHT AUS BLATTGEMÜSE

6 Port. 25 Min. Leicht

Zutaten

2 kleine Zwiebeln, geschält und klein gehackt
4 Knoblauchzehen, geschält und fein geschnitten
4 Frühlingszwiebeln, geschnitten
4 Zweige Thymian
2 Eiertomaten, Strunk entfernt, klein gewürfelt
2 Stück Bonnet Chilis oder Habanero, Stiel entfernt, fein gehackt
Olivenöl zum Braten
400 g Spinat ohne Stängel, gewaschen und in mundgerechte Stücke zerpflückt
400 g Grünkohl ohne Stängel, gewaschen und in mundgerechte Stücke zerpflückt
4 EL Wasser
Salz, Pfeffer (frisch gemahlen)

Nährwerte p. P.

403 kcal
40 g Kohlenhydrate
20 g Fett
8 g Eiweiß

1 Braten Sie die Zwiebeln, Knoblauch, Frühlingszwiebeln, Thymian, Tomaten und Chili in einem großen Topf in Olivenöl an, bis die Zwiebel glasig ist.

2 Fügen Sie Spinat, Grünkohl und Wasser hinzu. Schmoren Sie das Ganze bei geringer Hitze fünf bis zehn Minuten abgedeckt, bis das Gemüse gar ist.

3 Schmecken Sie mit Salz und Pfeffer ab und servieren Sie.

Info: Callao ist ein Schmorgericht, welches aus Blattgemüse gekocht wird. Im Normalfall werden dafür die Blätter der Tannia-, Taro- oder Edda-Pflanze verwendet. In Deutschland bekommt man davon jedoch nur die knollenförmigen Rhizome.

CURRIED CHICKPEAS – JAMAIKANISCHES CURRY MIT KICHERERBSEN

8 Port.

3 Std. 40 Min.

Leicht

Zutaten

6 Zwiebeln
4 - 5 cm Ingwer
2 rote Paprika
6 Tomaten
6 Knoblauchzehen
24 Okraschoten
4 Frühlingszwiebeln
2 rote Chilischoten (wenn vorhanden, Scotch Bonnet)
400 ml Kokosmilch
2 TL Thymian
4 TL Currypulver
2 Messerspitzen Piment
1 TL Salz
Pfeffer
2 Prisen brauner Zucker
Olivenöl
etwas Wasser (zum Verdünnen)

Für die Kichererbsen:
600 g Kichererbsen
2 TL Salz
4 TL Natron

Nährwerte p. P.

407 kcal
48 g Kohlenhydrate
16 g Fett
8 g Eiweiß

1 Weichen Sie die Kichererbsen ein: Dafür müssen Sie sie gründlich waschen und in einen Topf geben. Bedecken Sie sie mit der doppelten Menge Wasser und geben Sie das Salz hinzu. Lassen Sie sie zwei Stunden quellen. Gießen Sie das Einweichwasser ab und waschen Sie die Kichererbsen nochmals gründlich. Geben Sie frisches Wasser in den Topf, sodass Wasser ca. 3 cm über den Kichererbsen steht. Geben Sie das Natron ebenfalls in den Topf. Bringen Sie das Wasser zum Kochen und lassen Sie dann die Kichererbsen für eine Stunde bedeckt auf kleiner Flamme köcheln. Probieren Sie nach Ablauf der Stunde, ob sie ausreichend weich sind. Lassen Sie sie gegebenenfalls noch etwas weiterkochen. Gießen Sie zum Schluss das Kochwasser ab.

2 Schälen und hacken Sie die Zwiebeln und den Knoblauch. Schälen Sie den Ingwer und schneiden Sie diesen in kleine Würfel. Säubern Sie die Chilischoten und hacken Sie sie fein. Säubern Sie die Paprikaschoten und schneiden Sie sie in kleine Würfel. Waschen Sie die Okraschoten, putzen Sie sie und schneiden Sie sie in Scheiben. Säubern Sie die Frühlingszwiebeln und schneiden Sie sie in Ringe. Säubern Sie die Tomaten und schneiden Sie sie in Würfel.

3 Braten Sie in einem Schmortopf oder einem Wok die Zwiebeln, den Knoblauch, den Ingwer und die Chilischoten mit dem Currypulver und dem Thymian ca. 2 - 3 Minuten mit dem Olivenöl an. Geben Sie dann die Paprika und die Okraschoten hinzu und lassen Sie das Ganze weiter schmoren. Geben Sie nun die Tomaten hinzu und lassen Sie alles weitere fünf Minuten köcheln. Rühren Sie ab und zu um.

4 Geben Sie nun die Kichererbsen hinzu und rühren Sie alles um. Geben Sie dann Salz, Zucker und Piment hinzu. Geben Sie nun die Frühlingszwiebeln und die Kokosmilch hinzu und rühren Sie alles um. Köcheln Sie das Ganze nach dem Aufkochen für 7 – 8 Minuten auf kleiner Flamme. Geben Sie bei Bedarf zum Verdünnen etwas Wasser hinzu. Schmecken Sie mit Salz und Pfeffer ab.

REISGERICHT AUF JAMAIKANISCHE ART

8 Port.

35 Min.

Leicht

Zutaten

500 g Kidneybohnen aus der Dose
2 Knoblauchzehen
150 g Frühlingszwiebeln
2 rote Chilischoten
2 EL Sonnenblumenöl
800 ml Kokosmilch
400 ml Wasser
4 TL Gemüsebrühepulver
400 g Reis
4 TL Thymian, getrocknet

Nährwerte p. P.

269 kcal
50 g Kohlenhydrate
4 g Fett
8 g Eiweiß

1 Lassen Sie die Kidneybohnen abtropfen. Schälen Sie die Knoblauchzehen und schneiden Sie sie in kleine Würfel. Putzen Sie die Frühlingszwiebeln, waschen Sie sie und schneiden Sie sie in Ringe. Waschen Sie die Chilischoten und schneiden Sie sie in dünne Streifen.

2 Lassen Sie in einem Topf das Sonnenblumenöl heiß werden. Dünsten Sie die Frühlingszwiebeln, Knoblauch und Chili darin an. Gießen Sie die Kokosmilch und Wasser zu und bringen Sie das Ganze zum Kochen. Lösen Sie die Gemüsebrühe darin auf.

3 Geben Sie die Kidneybohnen, Reis und Thymian hinzu. Lassen Sie alles bei geringer Wärmezufuhr ohne Deckel ca. 25 Minuten ausquellen.

KUBANISCHE SALSA-BOWL

4 Port.

35 Min.

Mittel

Zutaten

300 g Basmatireis
8 g Gemüsebrühepulver
4 g Currypulver
2 Schalotten
20 g Oregano
20 g Petersilie
1 Packung schwarze Bohnen
2 Mangos
2 Knoblauchzehen
1 Limette
2 Chilischoten
2 Avocados
300 g Kirschtomaten
2 Frühlingszwiebeln
150 g veganer Joghurt
100 g Rucola
4 TL Öl
600 ml Wasser
Salz, Pfeffer (nach Belieben)

Nährwerte p. P.

652 kcal
96 g Kohlenhydrate
19 g Fett
19 g Eiweiß

1 Erhitzen Sie viel Wasser im Wasserkocher. Spülen Sie den Reis in einem Sieb mit kaltem Wasser so lange ab, bis dieses klar hindurchfließt. Halbieren Sie die Zwiebeln, ziehen Sie sie ab und würfeln Sie sie fein. Erhitzen Sie in einem Topf 2 TL Öl, fügen Sie die Zwiebelwürfel und Currypulver hinzu und schwitzen Sie das Ganze eine Minute glasig an. Löschen Sie den Topfinhalt mit 600 ml heißem Wasser ab, rühren Sie die Gemüsebrühe ein und salzen Sie das Ganze leicht. Rühren Sie den Reis ein und lassen Sie diesen bei niedriger Hitze ca. zehn Minuten abgedeckt köcheln. Nehmen Sie dann den Topf vom Herd und lassen Sie alles mindestens zehn Minuten abgedeckt ziehen.

2 Gießen Sie die schwarzen Bohnen durch ein Sieb ab und spülen Sie sie mit Wasser ab. Ziehen Sie den Knoblauch ab. Zupfen Sie die Blätter von Oregano und Petersilie ab und hacken Sie sie fein. Erhitzen Sie 2 TL Öl in einer großen Pfanne, pressen Sie den Knoblauch hinzu und schwitzen Sie diesen ca. eine Minute an. Geben Sie die schwarzen Bohnen und gehackten Kräuter hinzu und braten Sie alles unter Rühren 2 - 4 Minuten an. Schmecken Sie mit Salz und Pfeffer ab. Reiben Sie die Schale der Limette ab und schneiden Sie die Limette in acht Spalten.

3 Halbieren Sie die Avocados, entfernen Sie den Stein, lösen Sie das Fruchtfleisch heraus und schneiden Sie es in ca. 1 cm große Würfel. Halbieren Sie die Chili, entfernen Sie die Kerne und schneiden Sie die Chilihälften in Streifen. Vermengen Sie die in Würfel geschnittene Mango, Avocado und Chili zusammen in einer großen Schüssel und marinieren Sie das Ganze mit dem Saft von zwei Limettenspalten. Schmecken Sie mit Salz und Pfeffer ab.

4 Schmecken Sie in einer Schüssel den Joghurt mit Salz und Pfeffer ab. Halbieren Sie die Kirschtomaten. Schneiden Sie die Frühlingszwiebeln in feine Ringe. Vermengen Sie in einer weiteren Schüssel die Kirschtomaten, Frühlingszwiebeln und Rucola miteinander und marinieren Sie das Ganze mit dem Saft von zwei Limettenspalten. Schmecken Sie mit Salz und Pfeffer ab. Lockern Sie den Reis mit einer Gabel auf und schmecken Sie diesen mit dem Limettenabrieb ab. Richten Sie den Reis in Schüsseln an. Richten Sie die Bohnen, Salsa und Salat getrennt voneinander um den Reis herum an. Nun können Sie die Bowls servieren.

PASTELÓN – VEGANE BANANENLASAGNE

12 Port.

1,5 Std.

Leicht

Zutaten

Bananenschichten:
12 grüne Bananen
nach Bedarf:
Olivenöl, Salz

Füllung:
4 EL Olivenöl
2 Zwiebeln
6 Knoblauchzehen
400 g Champignons
1 Aubergine
2 rote Peperoni
2 grüne Peperoni
1 Bund Koriander
400 g Erbsen
1 EL Koriandersamen, gemahlen
1 EL Knoblauchpulver
2 EL Pfeffer
Salz
500 ml Wasser o. Gemüsebrühe
700 ml Tomatensauce

Wasser-Kichererbsen-Mischung:
180 g Kichererbsenmehl
400 ml Wasser
2 EL Kala Namak
Salz, Pfeffer

Vegane Käsesauce:
400 ml Sojamilch
400 ml Wasser
4 TL Kartoffelstärke
2 EL Hefe
2 TL Knoblauchpulver
2 TL Zwiebelpulver
1 EL Salz
etwas Paprikapulver, Kurkuma

Nährwerte p. P.
652 kcal
96 g Kohlenhydrate
19 g Fett
19 g Eiweiß

1 Heizen Sie den Backofen auf 200 °C (Ober-/Unterhitze) vor. Schälen, halbieren und schneiden Sie die Bananen in Stücke. Fetten Sie eine Form mit etwas Öl ein, geben Sie die Bananenstücke darauf und streichen Sie diese von beiden Seiten mit Olivenöl ein. Backen Sie die Bananen für 15 Minuten auf der mittleren Schiene. Drehen Sie die Bananenstücke nach der Hälfte der Zeit um. Nehmen Sie die Form aus dem Ofen und stellen Sie sie beiseite, damit die Bananen abkühlen. Wenn eine Runde nicht reicht, wiederholen Sie die ersten beiden Schritte, bis alle Bananenstücke aufgebraucht sind.

2 Hacken Sie die Zwiebeln und Knoblauchzehen. Putzen Sie die Peperoni, Schneiden Sie diese, die Aubergine und die Champignons in Stückchen. Hacken Sie den Koriander. Erhitzen Sie das Öl in einer Pfanne. Geben Sie alle Zutaten für die Füllung, außer der Tomatensauce, Wasser, Salz und Pfeffer, hinein und schwitzen Sie diese für ca. acht Minuten an. Löschen Sie mit Gemüsebrühe oder Wasser und Tomatensauce ab und köcheln Sie alles ca. zehn Minuten, bis das Ganze nicht mehr so flüssig ist. Schmecken Sie mit Salz und Pfeffer ab.

3 Fetten Sie die Form erneut etwas mit Öl ein. Geben eine kleine Schicht von der „Füllung" darauf. Legen Sie dann die Bananenstücke nebeneinander darauf, dann wieder eine Schicht der Füllung und wieder die Bananen. Gehen Sie weiter so vor, bis alles verbraucht ist. Enden sollte das Ganze mit Bananenstücken.

4 Wasser-Kichererbsen-Mischung: Geben Sie Kala Namak, Kichererbsenmehl und Wasser in eine Schüssel. Vermengen Sie das Ganze gut, bis keine Klumpen mehr sichtbar sind. Geben Sie nach Bedarf Salz und Pfeffer hinzu.

5 Vegane Käsesauce: Bringen Sie Wasser und Sojamilch zum Kochen. Geben Sie die übrigen Zutaten hinzu und reduzieren Sie auf mittlere Hitze. Rühren Sie dabei die ganze Zeit, bis die Sauce eine cremige Konsistenz erreicht. Geben Sie die Sauce über die Lasagne. Backen Sie die Lasagne nun bei 180 °C (Ober-/Unterhitze) für ca. 30 Minuten.

VEGANE DOUBLES –

TEIGTASCHEN AUS TRINIDAD UND TOBAGO

16 Port.

1 Std. 50 Min.

Mittel

Zutaten

Zutaten:
Für den Teig:
100 ml Wasser, warm
½ TL Zucker
2 TL Trockenhefe
400 g Mehl
1 TL Salz
2 TL Kurkumapulver
1 TL Kreuzkümmelpulver
2 TL Pfeffer, gemahlen

Für die Füllung:
2 EL Pflanzenöl
2 Zwiebeln, fein geschnitten
6 Knoblauchzehen, fein gehackt
6 TL Currypulver
600 ml Wasser
800 g Kichererbsen (aus der Dose, Abtropfgewicht)
2 Prisen Kreuzkümmelpulver
Salz, Pfeffer

Nach Belieben:
Pflanzenöl, Mangochutney, Gurken (fein geraspelt), Sriracha-Sauce

Nährwerte p. P.

652 kcal
96 g Kohlenhydrate
19 g Fett
19 g Eiweiß

1 Verrühren Sie für den Teig Wasser, Hefe und Zucker in einer kleinen Schüssel und lassen Sie das Ganze ca. fünf Minuten ruhen, bis es schaumig wird. Vermischen Sie in einer großen Schüssel Mehl, Salz, Kurkuma, Kreuzkümmel und Pfeffer. Geben Sie die Hefemischung dazu und kneten Sie das Ganze unter Zugabe von warmem Wasser zu einem Teig. Formen Sie diesen zu einer Kugel und lassen Sie ihn unter einem feuchten Tuch an einem warmen Ort ca. eine Stunde gehen.

2 Gießen Sie für die Füllung die Kichererbsen ab und spülen Sie sie mit kaltem Wasser ab. Erhitzen Sie Öl in einer Pfanne und braten Sie die Zwiebeln bei mittlerer Hitze darin an, bis sie glasig sind. Fügen Sie den Knoblauch hinzu und braten Sie diesen kurz mit. Fügen Sie das Currypulver hinzu und löschen Sie alles mit Wasser ab. Geben Sie die Kichererbsen dazu und lassen Sie alles zugedeckt fünf Minuten köcheln. Geben Sie das restliche Wasser und den Kreuzkümmel dazu, bringen Sie alles zum Kochen und salzen und pfeffern Sie nach Geschmack. Lassen Sie es bei offenem Deckel 20 - 30 Minuten köcheln, sodass die Kichererbsen sehr weich, aber nicht matschig werden.

3 Kneten Sie den gegangenen Teig kurz durch und lassen Sie ihn weitere zehn Minuten ruhen. Heizen Sie den Backofen auf ca. 100 °C (Ober-/Unterhitze) vor und schieben Sie ein mit heißem Wasser gefülltes Backblech auf die unterste Schiene.

4 Erhitzen Sie Öl in einer Pfanne. Runden Sie mit der nassen Hand ein etwa walnussgroßes Stück vom Teig zu einem runden, dünnen Fladen mit 10 - 15 cm Durchmesser und backen Sie diesen im heißen Öl von beiden Seiten aus, bis er goldbraun ist. Formen Sie den nächsten Fladen und machen Sie so weiter, bis der Teig verbraucht ist.

5 Schichten Sie die Fladen auf einem backofenfesten Teller auf einem Rost oberhalb des mit Wasser gefüllten Backblechs in den Ofen. Das verdampfte Wasser wird dafür sorgen, dass die Fladen nicht austrocknen.

6 Legen Sie die Fladen auf einen Teller, löffeln Sie etwa 2 EL der Kichererbsenmischung in die Mitte, geben Sie Chutney, Sriracha-Sauce und geriebenen Gurken nach Bedarf dazu. Decken Sie mit einem weiteren Fladen zu, halten Sie das Ganze u-förmig und essen Sie es mit der Hand.

Spezialitäten

MAJARETE – MAISPUDDING

8 Port. 45 Min. Mittel

Zutaten

8 Maiskolben, frisch geschält
1 Tasse Zucker, weiß, granuliert
3 EL Maisstärke
1 TL Zimtpulver
6 Tassen Milch
½ TL Salz
1 Tasse Wasser
4 Zimtstangen
Muskatnuss, frisch gemahlen (optional)

Nährwerte p. P.

303 kcal
96 g Kohlenhydrate
19 g Fett
19 g Eiweiß

1 Schneiden Sie mit einem scharfen Messer die Kerne aus den Kolben. Mischen Sie die Maiskörner mit Zucker, Maisstärke, Zimtpulver, Milch, Salz und einer Tasse Wasser. Sieben Sie die Flüssigkeit ab und stellen Sie die Flüssigkeit beiseite.

2 Gießen Sie die Mischung in einen Topf. Fügen Sie die Zimtstangen hinzu. Kochen Sie das Ganze bei mittlerer Hitze unter ständigem Rühren auf. Wenn die Konsistenz zu einer Art Joghurt wird, entfernen Sie den Topf vom Herd. Probieren Sie und rühren Sie nach Geschmack Zucker ein, wenn Sie es für notwendig halten.

3 Stellen Sie den Topf in einen anderen Topf mit kaltem Wasser und rühren Sie, bis der Pudding abgekühlt ist. Gießen Sie das Ganze in kleine Schüsseln. Garnieren Sie es mit etwas Muskatnuss, wenn Sie möchten.

PEPPERPOT-STEW – RINDFLEISCH-PFEFFERTOPF-EINTOPF

 4 Port.

 40 Min.

 Mittel

Zutaten

600 g Rumpsteak, getrimmt und in 2,5 cm große Stücke geschnitten
4 TL Knoblauch-Ingwer-Paste
2 EL Jerkpaste
4 TL Olivenöl
2 rote Zwiebeln, gehackt
4 Thymianzweige, Blätter abgezupft, plus zusätzliche Zweige zum Servieren
2 rote Paprika, entkernt und gehackt
2 mittelgroße Süßkartoffeln, in mundgerechte Stücke geschnitten
1 Rinderbrühwürfel
8 Okraschoten, gehackt
800 g Dose Butterbohnen
400 ml leichte Kokosmilch
100 g Grünkohl, gehackt
schwarzer Pfeffer

Nährwerte p. P.

349 kcal
24 g Kohlenhydrate
16 g Fett
28 g Eiweiß

1 Mischen Sie in einer Schüssel das Rindfleisch mit der Hälfte der Knoblauch-Ingwer-Paste und 1 TL Jerkpaste, würzen Sie mit schwarzem Pfeffer. Erhitzen Sie die Hälfte des Öls in einem mittelgroßen Topf. Fügen Sie das Rindfleisch hinzu und braten Sie es bei starker Hitze drei Minuten lang oder bis es gebräunt ist. Nehmen Sie es heraus und stellen Sie es beiseite.

2 Erhitzen Sie das restliche Öl und die restliche Knoblauch-Ingwer-Paste in derselben Pfanne. Geben Sie die Zwiebeln hinzu und dünsten Sie diese fünf Minuten, rühren Sie dabei öfter um. Rühren Sie die restliche Jerkpaste, Thymian, rote Paprika und Süßkartoffeln ein. Kochen Sie das Ganze zwei Minuten, bröseln Sie dann den Brühwürfeln hinein. Fügen Sie Okra, Butterbohnen und Kokosmilch hinzu (wenn das Gemüse nicht in Flüssigkeit getaucht ist, fügen Sie so viel Wasser hinzu, dass es gerade bedeckt ist). Lassen Sie das Ganze 15 - 20 Minuten köcheln, bis die Kartoffeln weich und die Sauce eingekocht ist.

3 Geben Sie den Grünkohl und das Rindfleisch hinzu und kochen Sie das Ganze 1 - 2 Minuten, bis das Rindfleisch heiß und der Grünkohl zusammengefallen ist. Würzen Sie nach Geschmack. Streuen Sie nach Belieben noch etwas Thymian darüber.

ARUBA –

KARIBISCHE SCHARFE ERDNUSSSUPPE

8 Port.

30 Min.

Leicht

Zutaten

2 Zwiebeln
2 kleine rote Chilischoten
300 g Erdnussbutter
1 l Gemüsebrühe
500 ml Milch
100 g Erdnusskerne
4 Frühlingszwiebeln
Salz

Nährwerte p. P.

349 kcal
24 g Kohlenhydrate
16 g Fett
28 g Eiweiß

1 Schälen und würfeln Sie die Zwiebeln fein. Halbieren Sie die Chilischoten längs, entkernen Sie sie und hacken Sie sie fein. Rösten Sie dann die Erdnussbutter in einem Topf bei mittlerer Hitze an und fügen Sie die Zwiebeln, die gehackten Chili und 1 TL Salz hinzu und lassen Sie das Ganze kurz anschwitzen.

2 Löschen Sie mit der Hälfte der Brühe ab, kochen Sie auf und lassen Sie das Ganze zehn Minuten bei geringer Hitze köcheln. Geben Sie dann die restliche Brühe und die Milch dazu, bringen Sie es zum Kochen und lassen Sie es weitere zehn Minuten köcheln.

3 Rösten Sie in der Zwischenzeit die Erdnüsse in einer Pfanne ohne Fett an und hacken Sie sie anschließend klein. Putzen Sie die Frühlingszwiebeln und schneiden Sie sie mit einem Teil des Grüns in feine Ringe. Schmecken Sie die Suppe zum Schluss mit Salz ab, verteilen Sie sie in Suppenschalen und bestreuen Sie sie mit den gehackten Frühlingszwiebeln und Erdnüssen.

WASSERMELONEN-TOMATEN-SALAT MIT PASSIONSFRUCHT

 8 Port.
 20 Min.
 Leicht

Zutaten

1 Wassermelone
8 - 10 Tomaten (je nach Größe)
Das Verhältnis sollte ⅔ Melone zu ⅓ Tomate sein.

Für das Dressing:
100 ml Passionsfruchtmark
200 ml Maracujasaft
6 - 8 EL Pflanzenöl
2 EL Limettensaft
4 EL Weißweinessig
2 TL Ingwerpulver
1 TL Knoblauchpulver oder frisch gepresst
2 Messerspitzen Cumin
Salz, Pfeffer, Zucker (zum Abschmecken)

Nährwerte p. P.

120 kcal
4 g Kohlenhydrate
3 g Fett
5 g Eiweiß

1 Bereiten Sie zunächst das Passionsfruchtdressing zu. Vermischen Sie dazu alle Zutaten (außer das Öl) gut mit dem Mixer und geben Sie dann das Öl hinzu, damit es sich besser verbindet. Würzen Sie dann mit Pfeffer, Salz und Zucker.

2 Waschen, entkernen und schneiden Sie die Tomaten in Würfel. Schneiden Sie das Melonenfleisch ebenfalls in Würfel und vermischen Sie es mit der Tomate.

3 Richten Sie den Salat mit dem Dressing an.

Fingerfood/Snacks

JAMAICAN PATTIES –
JAMAIKANISCHE HACKPASTETEN

6 Port.

1 Std.

Leicht

Zutaten

250 g Mehl
125 g Butter
½ TL Kurkuma
50 g Zwiebeln
1 Knoblauchzehe
4 Zweige Rosmarin
100 g Rinderhack, mager
½ Dose Tomaten, geschält (200 g)
1 Ei
6 Kirschtomaten
1 Prise Chilipulver
1 Prise Pfeffer
Salz

Nährwerte p. P.

328 kcal
31 g Kohlenhydrate
18 g Fett
9 g Eiweiß

1 Verkneten Sie das Mehl, 120 g Butter, 2 - 3 EL Wasser, Kurkuma und etwas Salz zu einem glatten Teig. Stellen Sie diesen anschließend kalt.

2 Ziehen Sie die Zwiebeln und den Knoblauch ab und würfeln Sie beides fein. Hacken Sie die Rosmarinnadeln von einem Zweig. Schwitzen Sie alles mit der restlichen Butter an. Braten Sie das Hackfleisch darin an. Geben Sie die Tomaten dazu und zerteilen Sie sie mit einem Löffel. Würzen Sie mit Salz, Pfeffer und Chili. Kochen Sie das Ganze ein, bis die Flüssigkeit fast verkocht ist und lassen Sie es abkühlen.

3 Verquirlen Sie das Ei. Rollen Sie den Teig dünn aus und stechen Sie ca. sechs runde Teigplatten aus, Verteilen Sie die Füllung auf den Teigplatten und bepinseln Sie den Rand mit dem Ei. Klappen Sie eine Teighälfte über die andere und drücken Sie die Teigränder mit einer Gabel an.

4 Setzen Sie die Pasteten auf ein Backblech, welches Sie mit Backpapier ausgelegt haben. Bestreichen Sie die Pasteten mit dem restlichen Ei. Backen Sie sie im vorgeheizten Backofen auf der zweiten Schiene von unten ca. 25 Minuten (Umluft 180 °C). Garnieren Sie mit Kirschtomaten und den restlichen Rosmarinzweigen.

BANANA BREAD –
BANANENBROT

16 Stk.

1,5 Std.

Leicht

Zutaten

700 g reife Bananen
4 Eier
200 g flüssige, braune Butter
320 g brauner Rohrzucker
360 g Mehl
6 EL Sauerrahm
2 TL Salz
3 TL Backpulver
2 TL Zimt
300 g Nüsse (optional)

Nährwerte p. P.

326 kcal
55 g Kohlenhydrate
11 g Fett
1 g Eiweiß

1 Heizen Sie den Backofen auf 170 °C Umluft vor. Fetten Sie eine Kastenform mit Butter ein und überziehen Sie sie überall mit einer dünnen Mehlschicht und etwas braunem Zucker. Bei den oben angegebenen Mengenangaben brauchen Sie zwei Kastenformen, somit werden es zwei Bananenbrote.

2 Nehmen Sie eine Schüssel und geben Sie die Eier mit dem braunen Zucker und der geschmolzenen Butter hinein. Vermengen Sie das Ganze und schlagen Sie es mit einem Schneebesen schaumig. Schälen Sie die Bananen und zerdrücken Sie sie mit einer Gabel grob. Geben Sie das Bananenmus, Sauerrahm und den Zimt ebenfalls hinzu.

3 Sieben Sie das Mehl in eine weitere Schüssel und vermengen Sie dieses mit dem Backpulver. Vermengen Sie die trockene Mischung in mehreren Schritten mit den nassen Zutaten, bis sich ein homogener Teig gebildet hat. Rösten Sie die Nüsse in einer Pfanne ohne Fett an, bis leichte Röstspuren entstehen. Geben Sie diese dann ebenfalls zum Teig.

4 Backen Sie das Bananenbrot ca. eine Stunde. Überprüfen Sie nach ca. 35 Minuten, ob das Bananenbrot oben eventuell schon sehr dunkel ist. Sollte dies der Fall sein, decken Sie es mit einem Blatt Backpapier ab und backen Sie es weiter. Wenn Sie ein saftiges Ergebnis haben möchten, backen Sie insgesamt 50 Minuten, für ein etwas trockeneres 60 Minuten.

TOSTONES –
FRITTIERTE KOCHBANANENSCHEIBEN

8 Port. 20 Min. Leicht

Zutaten

8 große Bananen, unreif/grün
Öl (zum Frittieren)
Salz

Nährwerte p. P.

251 kcal
44 g Kohlenhydrate
6 g Fett
2 g Eiweiß

1 Erhitzen Sie in einem großen Topf ausreichend Öl zum Frittieren (ca. 160 °C).

2 Schälen Sie die Bananen und schneiden Sie sie in ca. 2 - 3 cm dicke Scheiben. Frittieren Sie die Kochbananenscheiben portionsweise, bis sie ganz „goldig" aussehen. Das dauert ca. acht Minuten. Heben Sie sie dann mit einem Schaumlöffel heraus und frittieren Sie die nächste Portion. Machen Sie weiter, bis Sie alles verbraucht haben.

3 Legen Sie die frittierten Scheiben auf ein Küchentuch, geben Sie sie dann in eine Schüssel und würzen Sie sie mit Salz.

QUESITOS –
PUERTO-RICANISCHES GEBÄCK

 24 Port.
 30 Min.
 Leicht

Zutaten

2 große Eigelb
2 EL kaltes Wasser
2 Blätter Blätterteig (oder gefrorene und aufgetaute Blätterteigblätter)
280 g Käse (Feta, Käse in Salzlake o. Ä.) in lange Streifen geschnitten
1 Tasse Zucker

Für die Glasur:
1 Tasse Maissirup
½ Tasse Zucker
½ Tasse kaltes Wasser

Nährwerte p. P.

626 kcal
63 g Kohlenhydrate
39 g Fett
8 g Eiweiß

1 Heizen Sie den Ofen auf 200 °C (Ober-/Unterhitze) vor. Legen Sie ein Blech mit einer Silikonmatte oder Backpapier aus und stellen Sie es beiseite. Geben Sie in eine kleine Schüssel Eigelb und Wasser, verquirlen Sie das Ganze, bis keine Eigelbklumpen mehr übrig sind und stellen Sie es dann beiseite.

2 Rollen und schneiden Sie Ihren Blätterteig. Bemehlen Sie Ihre Arbeitsplatte und rollen Sie Ihren Blätterteig zu einem langen Rechteck aus. Schneiden Sie den Teig in sechs gleich große Rechtecke. Verwenden Sie am besten einen Ausstecher. Schneiden Sie überstehende Teilstücke ab. Legen Sie eine Stange Käse auf eine Seite des Blätterteigs, geben Sie einen TL Zucker neben den Käse. Nehmen Sie anschließend ein Packpinsel und streichen Sie eine dünne Schicht Wasser-Ei-Mischung auf die Oberseite und Unterseite. Klappen Sie die Hälften übereinander und rollen Sie das Ganze zu, sodass es wie Cannelloni aussieht.

3 Geben Sie nun die Quesitos auf das Backblech und bestreichen Sie die Oberseite jedes Quesitos mit der Eiermischung. Stechen Sie danach mit einer Gabel kleine Löcher in die Spitzen. Backen Sie das Ganze im vorgeheizten Ofen 15 - 20 Minuten, bis die Quesitos goldbraun sind. Bereiten Sie in dieser Zeit die Zuckerglasur vor: Rühren Sie den Maissirup, den Zucker und das Wasser in einem kleinen Topf zusammen, bis sich der Zucker auflöst. Bringen Sie die Mischung zum Kochen und lassen Sie diese eine Minute kochen, bevor Sie sie vom Herd nehmen. Der Sirup sollte die Konsistenz von Ahornsirup haben. Lassen Sie es dann abkühlen. Wenn das Gebäck fertig ist, lassen Sie es fünf Minuten abkühlen und bestreichen Sie es mit ein oder zwei Schichten der Zuckerglasur.

Tipp: Wenn Sie die im Laden gekauften Blätterteigblätter benutzen, müssen Sie jedes Blatt zu einem 14 cm breiten und 12 cm langen Rechteck ausrollen. Davon müssen Sie dann 6 cm kleinere Rechtecke ausschneiden, die 4 cm breit und 7 cm lang sind. Die Zuckerglasur kann ein paar Tage im Voraus zubereitet werden. Bewahren Sie sie in einem luftdichten Behälter im Kühlschrank auf, so verhindern Sie, dass sich Schimmel bildet.

PASTEL –
PASTETEN

8 Port.

1,5 Std.

Leicht

Zutaten

Für den Teig:
1 kg Mehl
2 Eigelb
250 g Butterschmalz
2 TL Salz
400 ml Wasser

Für die Füllung:
2 Zwiebeln, klein gehackt
2 Knoblauchzehen, gepresst
6 EL Tomatenmark
6 EL gehackte Petersilie
300 g Rinderhack
6 hartgekochte Eier
Salz, Pfeffer
Oliven, entkernt (nach Belieben)
Öl (zum Frittieren)

Nährwerte p. P.

128 kcal
15 g Kohlenhydrate
6 g Fett
2 g Eiweiß

1 Verarbeiten Sie die Teigzutaten zu einem glatten, geschmeidigen Teig. Stellen Sie diesen anschließend eine Stunde kühl.

2 Erhitzen Sie für die Füllung 2 EL Öl und dünsten Sie darin die Zwiebeln, Knoblauch und Tomatenmark an. Fügen Sie das Hackfleisch hinzu und braten Sie diesen an. Würzen Sie mit Salz, Pfeffer und Petersilie.

3 Rollen Sie den Teig aus, stechen Sie mit einem Glas ca. 10 cm große Kreise aus. Geben Sie 2 EL Füllung darauf, belegen Sie sie mit einer Scheibe Ei und/oder einer Olive und klappen Sie den Teig zusammen. Drücken Sie die Teigtaschen mit einer Gabel zusammen, bis die typischen Rillen entstehen. Frittieren Sie die Teigtaschen, bis sie goldbraun sind.

COQUITO – PUERTO-RICANISCHES ALKOHOLISCHES GETRÄNK

10 Port. | 2 Std. 10 Min. | Leicht

Zutaten

400 ml weißer Rum
2 Dosen Kokosmilch (800 ml)
2 Dosen Kondensmilch (gesüßt, ca. 800 g)
2 TL Zimt
1 TL Muskat

Nährwerte p. P.

626 kcal
63 g Kohlenhydrate
39 g Fett
8 g Eiweiß

1 Geben Sie alle Zutaten in einen Mixer und mixen Sie alles so lange, bis eine homogene Masse entsteht. Stellen Sie den Coquito etwa zwei Stunden in den Kühlschrank.

2 Schütteln Sie anschließend kurz, füllen Sie in Gläser um und servieren Sie das Ganze kalt.

Info: Coquito ist ein traditionelles Weihnachtsgetränk in Puerto Rico. Dieser kann jedoch auch zu jeder Zeit des Jahres getrunken werden. Der Name bedeutet „kleine Kokosnuss“ auf Spanisch. Das Getränk wird allgemein als Kokosnussäquivalent zum Eierlikör betrachtet.

TRINIDAD TOOLUM – KOKOSBÄLLCHEN AUS TRINIDAD

36 Stk.

40 Min.

Leicht

Zutaten

4,5 Tassen brauner Zucker
6 Tassen Kokosraspeln
1 Tasse Melasse
6 cm getrocknete Orangenschale, in Stücke gebrochen
1 EL frisch geriebene Ingwerwurzel
Butter (zum Einfetten)

Nährwerte p. P.

102 kcal
5 g Kohlenhydrate
10 g Fett
4 g Eiweiß

1 Kochen Sie den Zucker in einem schweren Aluminium- oder Eisentopf und rühren Sie, bis er flüssig wird.

2 Mischen Sie die Kokosraspeln mit dem Zucker und rühren Sie, bis alles gut vermischt ist.

3 Rühren Sie gelegentlich um, bis die Flüssigkeit rot wird. Fügen Sie Melasse, getrocknete Orangenschale und Ingwer hinzu. Rühren Sie, um alles gut miteinander zu vermischen, bis die Mischung nicht mehr am Rand kleben bleibt.

4 Nehmen Sie das Ganze vom Herd und geben Sie die Mischung mit einem Esslöffel auf ein leicht gefettetes Tablett oder eine Schüssel. Formen Sie daraus 36 Kugeln (ungefähr groß wie Tischtennisbälle). Wenn Sie fest sind, bewahren Sie die Bällchen in luftdichten Behältern auf.

Desserts

DULCE DE LECHE – KARAMELLCREME

 8 Port.
 40 Min.
  Leicht

Zutaten

2 Dosen Milchmädchen (gezuckerte Kondensmilch)

Nährwerte p. P.

285 kcal
39 g Kohlenhydrate
7 g Fett
7 g Eiweiß

1 Legen Sie ein Geschirrtuch in einen Topf, stellen Sie darauf die Milchmädchen-Dosen. Gießen Sie Wasser auf, sodass die Dosen komplett bedeckt sind. Legen Sie den Topfdeckel auf. Das Geschirrtuch soll verhindern, dass die Dosen klappern.

2 Bringen Sie alles zum Kochen, reduzieren Sie dann die Temperatur etwas, sodass das Wasser leicht köchelt. Lassen Sie die Milchmädchen ca. zwei Stunden kochen. Kontrollieren Sie dabei immer mal wieder, ob noch ausreichend Wasser im Topf ist. Die Dosen müssen immer mit Wasser bedeckt sein, sonst können sie platzen.

3 Nehmen Sie nach zwei Stunden den Topf vom Herd und lassen Sie die Dosen im Wasser auskühlen. Wenn das Wasser nur noch lauwarm ist, können Sie die Dosen entfernen und komplett auskühlen lassen. Öffnen Sie die Dosen erst, wenn sie komplett ausgekühlt sind.

Info: Dulce de Lohe ist eine Karamellcreme, welche aus gekochter gezuckerter Kondensmilch besteht. Dulce de Leche ist in der Konsistenz sahniger und hat einen milchigeren Geschmack als Karamellcreme aus karamellisiertem Zucker, Sahne und Butter.

BUDIN DE PAN –

BROTPUDDING

12 Port. | 1 Std. 45 Min. | Leicht

Zutaten

600 g + 2 EL Zucker
2 Kastenweißbrote (ca. 1 kg)
2 Vanilleschoten
1 TL Zimt
2 unbehandelte Zitronen
1 l Milch
8 Eier
4 Äpfel
2 TL Puderzucker
Fett (für die Form)

Nährwerte p. P.

550 kcal
103 g Kohlenhydrate
9 g Fett
14 g Eiweiß

1 Lassen Sie 200 g Zucker in einer Pfanne bei schwacher bis mittlerer Hitze karamellisieren. Gießen Sie diesen anschließend gleichmäßig in zwei gefettete ofenfeste Formen (à 21,5 cm x 21,5 cm). Lassen Sie sie abkühlen.

2 Schneiden Sie die Brotrinden ab. Schneiden Sie die Brote in jeweils zwölf Scheiben. Legen Sie vier Scheiben in jede Form nebeneinander. Schichten Sie die restlichen Scheiben ebenso darauf. Schneiden Sie die Vanilleschoten längs auf und kratzen Sie das Mark mit einem Messerrücken heraus. Waschen Sie die Zitrone gründlich und reiben Sie die Schale fein ab.

3 Erwärmen Sie die Milch lauwarm, verrühren Sie sie mit 200 g Zucker, Vanillemark und Zitronenschale. Gießen Sie das Ganze über das Brot und lassen Sie es etwas durchziehen. Schlagen Sie die Eier und 200 g Zucker mit dem Schneebesen eines Handrührgerätes auf. Gießen Sie das ebenfalls über das Brot und lassen Sie es ca. 30 Minuten ziehen.

4 Mischen Sie in der Zwischenzeit 2 EL Zucker und Zimt. Waschen Sie die Äpfel gründlich, schälen und vierteln Sie sie und schneiden Sie das Kerngehäuse heraus. Schneiden Sie die Äpfel in feine Spalten. Legen Sie die Apfelspalten auf das Brot. Bestreuen Sie das Ganze mit der Zimt-Zucker-Mischung und backen Sie es im vorgeheizten Backofen (150 °C Umluft) ca. 40 Minuten. Nehmen Sie das Brot heraus und bestäuben Sie es mit Puderzucker. Schneiden Sie die Brote in Stücke und richten Sie diese auf Tellern an. Dazu schmeckt Dulce de Leche.

CHURROS – TEIGSTRÄNGE MIT SCHOKOSAUCE

 9 Port.

 35 Min.

 Mittel

Zutaten

Für die Schokosauce:
100 g Schlagsahne
50 g Zartbitterschokolade
1 EL Kakaopulver

Für den Brandteig:
75 ml Wasser
25 ml Milch
1 EL Butter
½ Prise Zucker
½ Prise Salz
60 g Weizenmehl
1 Ei

Außerdem:
375 g neutrales Speiseöl
etwas Zimt-Zucker (zum Wälzen)

Nährwerte p. P.

356 kcal
57 g Kohlenhydrate
11 g Fett
8 g Eiweiß

1 Kochen Sie für die Schokosauce die Schlagsahne in einem Topf auf. Hacken Sie die Schokolade grob und geben Sie diese hinzu. Rühren Sie mit einem Schneebesen so lange, bis die Kuvertüre aufgelöst ist. Rühren Sie den Kakao unter und füllen Sie die Sauce in eine Schüssel um.

2 Kochen Sie für den Brandteig Wasser und Milch, Butter, Zucker und Salz in einem Topf auf. Geben Sie das Mehl auf einmal dazu und verrühren Sie es mit einem Holz-Kochlöffel. Rühren Sie so lange weiter und drücken Sie den zähen Teigkloß auf den Topfboden, bis sich eine weiße Schicht am Boden des Topfes bildet. Nehmen Sie das Ganze vom Herd, geben Sie es in eine Schüssel und lassen Sie es drei Minuten abkühlen.

3 Schlagen Sie das Ei in einer kleinen Schüssel auf. Rühren Sie das Ei mit einem Handrührgerät auf der höchsten Stufe in den Teig ein, bis Sie erkennen, dass sich dieses mit dem Teig verbunden hat. Machen Sie das Ganze so lange, bis der Teig am Schneebesen hängt und glänzt.

4 Erhitzen Sie das Öl in einem breiten Topf. Das Öl ist heiß genug, wenn man einen Holzlöffel hineinhält und sich viele Bläschen um den Kochlöffel bilden. Geben Sie den Teig in einen Spritzbeutel mit Sterntülle und spritzen Sie 4 - 5 ca. 10 cm lange Stangen in das heiße Fett. Schneiden Sie dabei mit einem Messer die Teigstränge ab.

5 Braten Sie sie bei mittlerer Hitze von beiden Seiten ca. 2 - 3 Minuten goldbraun. Lassen Sie sie auf einem Stück Küchenpapier abtropfen und wälzen Sie sie direkt in Zimt-Zucker. Backen Sie nacheinander den übrigen Brandteig zu Churros aus. Prüfen Sie dabei immer wieder, ob das Fett heiß genug ist. Servieren Sie mit Schokosauce.

GEBRATENE ANANASRINGE

8 Port. 15 Min. Mittel

Zutaten

2 Ananas
600 g Mehl
1 l Milch
150 g Zucker
8 Eier
1 l Sonnenblumenöl

Nährwerte p. P.

1764 kcal
138 g Kohlenhydrate
125 g Fett
21 g Eiweiß

1 Schälen und schneiden Sie die Ananas in Scheiben und lösen Sie den Strunk mit einem runden Ausstecher heraus. Rühren Sie das Mehl mit Milch und Zucker glatt, rühren Sie dann die Eier unter. Erhitzen Sie das Sonnenblumenöl in einem hohen Topf auf mittlerer Temperatur.

2 Wenden Sie die Ananasringe in Mehl und geben Sie sie vorsichtig in das Öl. Frittieren Sie sie für ca. sechs Minuten goldbraun und lassen Sie sie danach auf einem Küchentuch abtropfen.

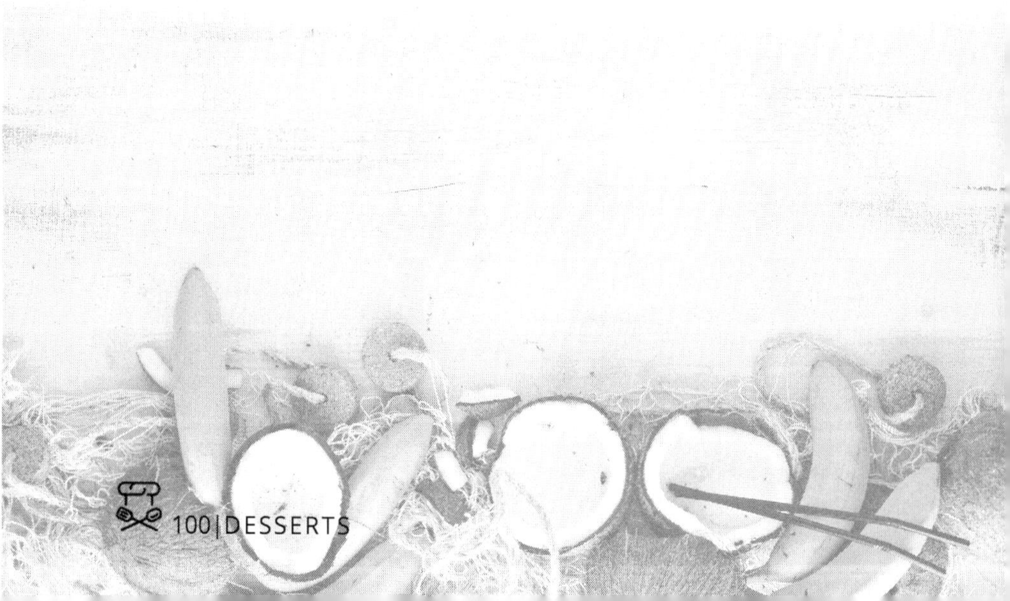

RUM CAKE –

KARIBISCHER RUMKUCHEN

12 (kl.) bzw. 2 (gr.)

1 Tag

Mittel

Zutaten

Für den Rührteig:
550 g Mehl
4 Pck. Vanillepuddingpulver
550 g Zucker
4 TL Backpulver
1 TL Salz
230 g weiche Butter
200 g neutrales Öl (z. B. Sonnenblumenöl)
200 ml Milch
8 Eier (Zimmertemperatur)
200 ml Rum (am besten Spiced Rum)
4 TL Vanilleextrakt

Für den Rum-Sirup:
200 g Butter
12 EL Wasser
350 g Zucker
½ TL Salz
2 Pck. Vanillezucker
240 ml Rum (am besten Spiced Rum)

Nährwerte p. P.

1764 kcal
138 g Kohlenhydrate
125 g Fett
21 g Eiweiß

1 Fetten Sie Ihre Gugelhupfform(en) ein und streuen Sie sie mit Mehl aus. Heizen Sie den Ofen auf 175 °C Ober-/Unterhitze vor.

2 Vermischen Sie das Mehl mit dem Puddingpulver, dem Zucker, dem Backpulver und dem Salz. Rühren Sie die Butter und das Öl unter, bis eine sandige Textur entstanden ist. Rühren Sie als Nächstes die Milch und dann die Eier unter. Mischen Sie zum Schluss den Rum und das Vanilleextrakt unter den Teig. Dieser sollte nun samtig-glatt und recht flüssig sein.

3 Verteilen Sie den Teig auf Ihre Formen und backen Sie den Rumkuchen ca. 15 – 20 Minuten bei Mini-Formen und bei normalen Formen 50 – 55 Minuten. Machen Sie eine Stäbchenprobe.

4 Während der Kuchen backt, können Sie den Rum-Sirup vorbereiten. Vermischen Sie dafür alle angegeben Zutaten und lassen Sie die Mischung ca. zehn Minuten einkochen, bis ein dicklicher Sirup entsteht.

5 Lassen Sie den Kuchen, sobald dieser fertig ist, in der Form abkühlen und stechen Sie mit einem Schaschlikspieß viele kleine Löcher hinein. Gießen Sie ca. die Hälfte des Sirups über den Kuchen, lassen Sie ihn ein paar Minuten einziehen und stürzen Sie den Kuchen dann aus der Form. Wenn Sie möchten, können Sie noch etwas Sirup von oben über den Kuchen gießen. Lassen Sie diesen dann einige Stunden (am besten über Nacht) durchziehen, damit sich der Rum gut verteilt.

6 Am Tag des Servierens können Sie noch einmal etwas vom abgekühlten Rum-Sirup über den Kuchen gießen.

Info: Rum Cake ist in der Karibik ein sehr beliebtes Dessert, welches pur, mit frischen Früchten oder Sahne beziehungsweise Rum-Karamell-Sauce serviert wird. Die spezielle Textur des Kuchens kommt von der Zubereitungsart: Rum Cake wird nach dem Prinzip des „Reverse Creaming" zubereitet. Man mischt dafür zuerst die trockenen Zutaten mit der Butter, bis die Textur sandig wird. Danach kommen Flüssigkeit und die Eier hinein. Der Teig wird sehr zart, weil das Mehl mit der Butter ummantelt ist.

KARIBIKTRAUM SOLERO-ART

8 Port. 40 Min. Leicht

Zutaten

340 g Löffelbiskuits
700 g Multivitaminsaft (oder Maracujasaft)
160 g brauner (oder weißer) Zucker
8 TL Vanillepuddingpulver, gehäuft
2 Dosen Pfirsiche, groß, abgetropft, in kleinen Würfeln
400 g Schlagsahne
500 g Mascarpone
500 g Quark
4 Päckchen Vanillezucker
4 EL Saft, aus der Pfirsichdose

Nährwerte p. P.

1764 kcal
138 g Kohlenhydrate
125 g Fett
21 g Eiweiß

1 Hacken Sie die Löffelbiskuits klein (am besten mit der Hand in einem Gefrierbeutel).

2 Geben Sie Multivitaminsaft (oder Maracujasaft), Zucker und Puddingpulver in den Mixtopf und verrühren Sie das Ganze gut. Geben Sie das Ganze in einen Topf, geben Sie die Pfirsichwürfel dazu und kochen Sie das Ganze kurz auf. Füllen Sie es um und lassen Sie es abkühlen.

3 Schlagen Sie nun die Sahne mit einem Handmixer steif.

4 Verrühren Sie nun mit dem Handmixer Mascarpone, Quark und Vanillezucker, geben Sie den Pfirsichsaft hinein und rühren Sie das Ganze cremig. Heben Sie die Masse unter die Sahne.

5 Schichten Sie jetzt alles in Gläser. Erst einen Löffel Biskuit, dann die Pfirsichmasse und zum Schluss die Creme. Wiederholen Sie das Ganze so oft, bis das Glas voll ist.

PASTEL DE TRES LECHES –
KUCHEN AUS DREI MILCHSORTEN

15 Port.

1 Tag

Leicht

Zutaten

Für den Teig:
200 g Zucker
½ TL Salz
1 TL Vanilleextrakt
125 g Butter, weich
6 Eier
300 g Mehl
½ Päckchen Backpulver

Für die Tränke:
1250 ml Kondensmilch, gesüßt
150 ml Milch
150 ml Kaffeesahne (10 % Fett)
1,5 EL Rum

Für den Belag:
250 ml Sahne
1 EL Puderzucker

Bei Bedarf:
Mandarinenscheiben
Zimt (zum Garnieren)

Nährwerte p. P.

1764 kcal
138 g Kohlenhydrate
125 g Fett
21 g Eiweiß

1 Belegen Sie ein Backblech (ca. 20 x 20 cm) mit hohem Rand mit Backpapier. Heizen Sie den Backofen auf 180 °C (Ober-/Unterhitze) vor.

2 Geben Sie Zucker, Salz, Vanille und Butter in eine Schüssel und schlagen Sie alles schaumig auf. Geben Sie die Eier einzeln dazu. Rühren Sie nach jedem Ei ca. 30 Sekunden. Rühren Sie danach die Masse weitere zwei Minuten auf höchster Stufe weiter. Mischen Sie in einer separaten Schüssel Mehl und Backpulver. Sieben Sie das Ganze dann auf die Eimasse und heben Sie es unter, sodass keine Mehlnester mehr vorhanden sind.

3 Geben Sie den Teig in eine Form, streichen Sie diesen glatt und backen Sie diesen ca. 30 Minuten in der Ofenmitte. Machen Sie am besten einen Stäbchentest, bevor Sie den Kuchen aus dem Ofen holen. Lassen Sie nach der Backzeit den Kuchen in der Form auskühlen.

4 Bereiten Sie in der Zwischenzeit die Tränke zu. Verrühren Sie dazu die drei Milchsorten mit dem Rum gründlich.

5 Stechen Sie den abgekühlten Kuchen mit einem Schaschlik-Holzstab oder Zahnstocher ein und tränken Sie ihn mit der Milch-Rum-Mischung, bis sich der Kuchen vollgesogen hat. Decken Sie ihn mit Frischhaltefolie ab und stellen Sie ihn für drei Stunden (besser über Nacht) in den Kühlschrank.

6 Schlagen Sie die Sahne mit dem Puderzucker steif.

7 Holen Sie den Kuchen aus dem Kühlschrank, ziehen Sie die Folie vorsichtig ab und lösen Sie den Kuchen aus der Form.

8 Verteilen Sie die Sahne gleichmäßig auf dem Kuchen und schneiden Sie anschließend Quadrate gleicher Größe. Sie können den Kuchen mit Mandarinenscheiben und Zimt bestreut garnieren.

Getränke

MAMAJUANA – DOMINIKANISCHES ALKOHOLISCHES GETRÄNK

2 Flaschen

3 Wochen

Leicht

Zutaten

2 Beutel Mamajuana-Mischung (Kräuter und Hölzer)
Rotwein (nach Belieben)
brauner dominikanischer Rum
600 ml Honig
2 Zimtstangen (optional)

Nährwerte p. P.

104 kcal
25 g Kohlenhydrate
0 g Fett
1 g Eiweiß

1 Füllen Sie die Mamajuana-Mischung in zwei 1-Liter-Glasflaschen. Gießen Sie die Mischung mit Rotwein auf, sodass die Hölzer komplett bedeckt sind. Lassen Sie diese Mischung etwa eine Minute stehen. Der Rotwein wird benötigt, um den Hölzern die Gerbstoffe zu entziehen. Nach einer Woche gießen Sie den Rotwein ab.

2 Nun können Sie die Flaschen mit braunem, 30 – 40 %igen dominikanischem Rum aufgießen, den Honig zugeben und nach Geschmack die Zimtstangen hinzufügen.

3 Warten Sie mindestens drei Tage, bevor Sie es servieren. Ideal wären drei Wochen.

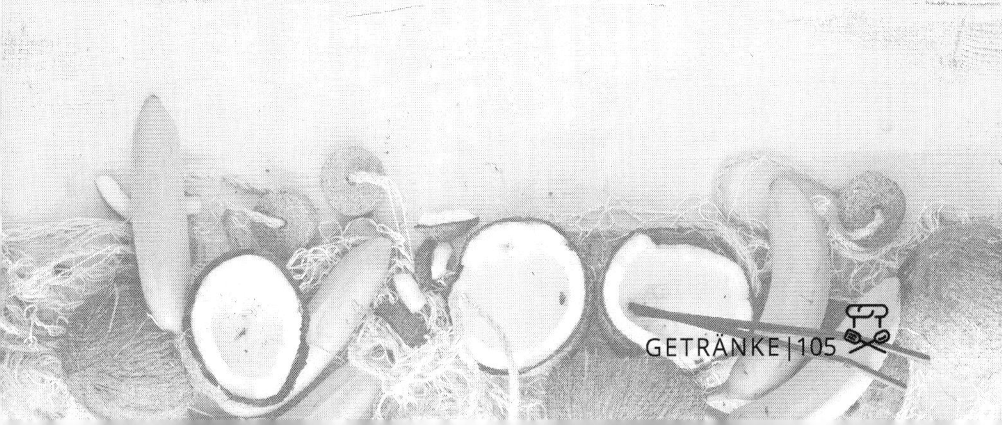

PLANTERS PUNCH

2 Port. 10 Min. Leicht

Zutaten

Zum Garnieren:
½ Scheibe Ananas-fruchtfleisch, frisch
2 Cocktailkirschen
Minze

Für den Drink:
2 cl Zitronensaft
10 cl Orangensaft
10 cl Ananassaft
2 cl Grenadine
6 cl Rum, weiß
6 cl Rum, braun
16 Eiswürfel
4 EL Crushed-Ice

Nährwerte p. P.

236 kcal
21 g Kohlenhydrate
0 g Fett
1 g Eiweiß

1 Füllen Sie die Eiswürfel in den oberen Teil eines Shakers. Geben Sie die Säfte, den Rum und den Sirup dazu. Schließen Sie den Shaker und schütteln Sie alles ca. zehn Sekunden.

2 Geben Sie jeweils 2 EL Crushed Ice in zwei Longdrinkgläser. Seihen Sie die Mischung aus dem Shaker durch das Barsieb ab.

3 Schneiden Sie das Ananasstück ein und stecken Sie es an den Glasrand. Garnieren Sie die Drinks mit den Cocktailkirschen und der Minze.

Info: Der Name Planers Punch tauchte im frühen 20. Jahrhundert auf. Die neuen Hotels boten statt dem regulären Punch einen „gepumpten“ Planter´s Punch an. Die Geschichte dieses Drinks ist jedoch älter, vielleicht sogar eine der ältesten, die Cocktail-Historiker heutzutage überhaupt belegen könnten.

RUM PUNCH

4 Port.

15 Min.

Leicht

Zutaten

50 g Zucker
½ Zimtstange
Wasser
½ Bio-Orange
75 ml Limettensaft, frisch gepresst
150 ml dunkler Rum
100 ml Orangensaft, frisch gepresst
100 ml Mangosaft
Eiswürfel

Nährwerte p. P.

180 kcal
20 g Kohlenhydrate
0 g Fett
0 g Eiweiß

1 Kochen Sie den Zucker mit der Zimtstange in 75 ml Wasser auf, kochen Sie das Ganze fünf Minuten sprudelnd. Nehmen Sie den Zimtsirup vom Herd und lassen Sie diesen abkühlen. Waschen Sie die Orange heiß ab, reiben Sie sie trocken und schneiden Sie sie in dünne Scheiben.

2 Geben Sie den Zimtsirup, Limettensaft, Rum, Orangensaft und Mangosaft mit reichlich Eiswürfeln in einen Krug und verrühren Sie alles gut. Servieren Sie den Rum Punch garniert mit Orangenscheiben in kleineren Gläsern auf Eis.

MOJITO

2 Port. 10 Min. Leicht

Zutaten

10 cl Rum, weiß (z. B. Bacardi oder Havana Club)
12 cl Soda (zum Auffüllen)
2 Limetten
8 EL Crushed Ice
4 TL brauner Zucker
16 Blätter Minze, frisch

Nährwerte p. P.

27 kcal
2 g Kohlenhydrate
0 g Fett
0 g Eiweiß

1 Waschen Sie die Limetten und schneiden Sie die Enden ab. Achteln Sie sie und geben Sie sie zusammen mit dem braunen Zucker und der Minze in zwei Longdrinkgläser.

2 Zerdrücken Sie die Limettenstücke und auch die Minzblätter mit einem Stößel etwas – aber nicht zu viel.

3 Füllen Sie zum Schluss das Glas mit dem Crushed Ice, geben Sie den weißen Rum dazu und füllen Sie das Glas mit dem Soda auf. Sie können den Drink nach Belieben mit Minzblättern und Limettenscheiben garnieren.

CUBA LIBRE

2 Port.

10 Min.

Leicht

Zutaten

1 Limette, unbehandelt
12 cl Rum, weiß
250 ml Cola
12 Eiswürfel + 4 Eiswürfel (für das Glas)
2 Limettenscheiben (zum Garnieren)

Nährwerte p. P.

200 kcal
14 g Kohlenhydrate
0 g Fett
0 g Eiweiß

1 Pressen Sie eine Limette aus und geben Sie den Saft zusammen mit dem Rum und zwölf Eiswürfeln in den Shaker. Verschließen Sie den Shaker und shaken Sie kurz.

2 Bestücken Sie zwei Gläser mit jeweils zwei Eiswürfeln und füllen Sie sie mit der Cola zu ¾. Gießen Sie die Rum-Limetten-Mischung darüber.

Info: Der Cuba Libre entstand im Jahr 1900. Der amerikanische Soldat Rüssel mixte in der American Bar in Havanna den Drink der Kubaner mit dem Amerikaner: Bacardi Gold mit frischen Limetten und Coca-Cola. Als Trinkspruch für seinen neu kreierten Drink wählte er den Schlachtruf der Mambí-Guerilla: „Por Cuba Libre!“

DAIQUIRI

2 Port.

5 Min.

Leicht

Zutaten

12 cl Rum, weiß
6 cl Limettensaft
3 cl Zuckersirup
4 Eiswürfel

Nährwerte p. P.

205 kcal
12 g Kohlenhydrate
0 g Fett
0 g Eiweiß

1 Geben Sie alle Zutaten in einen Shaker, geben Sie auch die Eiswürfel hinzu. Schütteln Sie kräftig rund zwölf Sekunden.

2 Seihen Sie anschließend in eine vorgekühlte Coupette ab und servieren Sie den Daiquiri mit einer Limettenzeste, -scheibe oder ohne Garnitur.

KINGSTON NEGRONI

2 Port.

5 Min.

Leicht

Zutaten

6 cl Campari
6 cl roter Wermut
6 cl Overproof Jamaica Rum
2 Orangenscheiben
Eis

Nährwerte p. P.

173 kcal
12 g Kohlenhydrate
0 g Fett
0 g Eiweiß

1 Rühren Sie alle Zutaten auf viel Eis und seihen Sie einen Tumbler mit frischem Eis ab.

2 Garnieren Sie mit jeweils einer Orangenscheibe.